OS SETE PRINCÍPIOS DA FELICIDADE

OS SETE PRINCÍPIOS DA FELICIDADE

LUIZ GAZIRI

FARO
Editorial

COPYRIGHT © LUIZ GAZIRI, 2020
COPYRIGHT © FARO EDITORIAL, 2020

Todos os direitos reservados.
Nenhuma parte deste livro pode ser reproduzida sob quaisquer meios existentes sem autorização por escrito do editor.

Diretor editorial **PEDRO ALMEIDA**

Coordenação editorial **CARLA SACRATO**

Preparação **TUCA FARIA**

Revisão **BARBARA PARENTE**

Capa **OSMANE GARCIA FILHO**

Projeto gráfico e diagramação **CRISTIANE | SAAVEDRA EDIÇÕES**

Dados Internacionais de Catalogação na Publicação (CIP)
Angélica Ilacqua CRB-8/7057

Gaziri, Luiz
  Os sete princípios da felicidade / Luiz Gaziri – São Paulo: Faro Editorial, 2020.
  160 p.

  ISBN: 978-65-86041-23-1

  1. Felicidade 2. Técnicas de autoajuda 2. Sucesso 3. Sucesso nos negócios I. Título

20-2011   CDD 158.1

Índice para catálogo sistemático:
1. Autoajuda : Felicidade

1ª edição brasileira: 2020
Direitos de edição em língua portuguesa, para o Brasil, adquiridos por FARO EDITORIAL

Avenida Andrômeda, 885 – Sala 310
Alphaville – Barueri – SP – Brasil
CEP: 06473-000 – Tel.: +55 11 4208-0868
www.faroeditorial.com.br

*Aos meus amados pais
Maria Aparecida e Juarez*

SUMÁRIO

APRESENTAÇÃO 8

PREFÁCIO 13

INTRODUÇÃO 19
    A IMPORTÂNCIA DE SER FELIZ

PRIMEIRO PRINCÍPIO:
COMPRE FELICIDADE 31
    GASTANDO PARA SER FELIZ
    ESTAMOS AQUI POR UMA RAZÃO
    COMPRANDO EXPERIÊNCIAS
    FELICIDADE DE LONGO PRAZO
    OS PREJUÍZOS DA RIQUEZA
    MAIS DINHEIRO ≠ MAIS FELICIDADE
    SER RICO E FELIZ, SER FELIZ E RICO

SEGUNDO PRINCÍPIO:
AGRADEÇA PARA NÃO QUERER MAIS 51
    LEMBRE-SE DOS ACONTECIMENTOS BONS
    EXPRESSE A SUA GRATIDÃO

TERCEIRO PRINCÍPIO:
RECONHEÇA EM VEZ DE BUSCAR RECONHECIMENTO 60
    RECONHECIMENTO AO INVERSO
    DESESPERADOS PELO RECONHECIMENTO
    RECONHECIMENTO QUE LEVA À TRISTEZA

QUARTO PRINCÍPIO:
AJUDE SEM ESPERAR NADA EM TROCA 71

INICIANDO O CICLO DO RECONHECIMENTO
CONTAGIANDO OS OUTROS
NEURÔNIOS DA IMITAÇÃO
O SEU COMPORTAMENTO É DE EXTREMA IMPORTÂNCIA
O BARATO DE AJUDAR
AS CONSEQUÊNCIAS DE NÃO AJUDAR

QUINTO PRINCÍPIO:
CULTIVE OS SEUS RELACIONAMENTOS 83

CAPITAL SOCIAL
FREQUÊNCIA, NÃO INTENSIDADE
INTERAÇÕES QUE VALEM OURO
O MAIOR INIMIGO DAS INTERAÇÕES

SEXTO PRINCÍPIO:
AUMENTE AS SUAS EMOÇÕES POSITIVAS 94

EMOÇÕES POSITIVAS, RESULTADOS POSITIVOS
VOCÊ ESCOLHE O ESTRESSE?
A PROPORÇÃO DA FELICIDADE
ESCOLHENDO EMOÇÕES POSITIVAS
MUDANDO A SUA VISÃO DO MUNDO

SÉTIMO PRINCÍPIO:
PENSE POSITIVO E NEGATIVO 121

PENSAMENTOS POSITIVOS, RESULTADOS NEM TANTO
CONTRASTE MENTAL
WOOP: A FERRAMENTA DO SUCESSO

CONCLUSÃO 136

MAS QUAL É A RELAÇÃO DESTE ESTUDO COM A FELICIDADE?

REFERÊNCIAS BIBLIOGRÁFICAS 142

APRESENTAÇÃO

Em fevereiro de 2018 eu parti rumo a uma jornada nunca percorrida antes por um brasileiro. Apesar de a jornada ter exigido um percurso de mais de 20 mil km, não foi como escalar o Everest, percorrer o Caminho de Santiago de Compostela ou participar de um Ironman; no entanto, a jornada exigiu uma **preparação** igualmente exaustiva – algo que durou nada menos do que 15 anos! É isso mesmo. Nesse tempo, eu percorri cada linha de dezenas de milhares de artigos científicos sobre felicidade, motivação, neurologia, vendas, marketing, recursos humanos, negociação, psicologia, economia comportamental, medicina, gestão de equipes, tecnologia, processo decisório, formação de hábitos, planejamento estratégico e demais áreas. Testei os limites dos meus tendões trocando centenas de e-mails com cientistas do mundo todo – inclusive com ganhadores do Prêmio Nobel – e carreguei o peso das centenas de livros que tive que ler sobre os mais variados assuntos. Não satisfeito com o meu nível de preparo, ainda escolhi deixar de lado uma carreira de 16 anos como executivo para me dedicar exclusivamente ao desafio que estava por vir.

Com o intuito de disponibilizar as últimas descobertas científicas sobre felicidade para o público do nosso país, o meu maior desafio nessa jornada foi viajar aos Estados Unidos para conversar com os mais influentes cientistas da área. Visitei os maiores nomes da ciência da felicidade em instituições como Harvard, Stanford, Universidade de Rochester, Universidade Estadual da Flórida, Universidade de Nova York, Universidade da Carolina do Norte, Universidade da Califórnia e Universidade de Boston. Você pode até achar que essa jornada não é tão fatigante assim, que estou exagerando sobre o preparo necessário. Afinal, **visitar** instituições como essas e até mesmo dar uma **palestra** em seus auditórios é algo que muitas pessoas conseguem fazer; no entanto, **conversar com cientistas** nessas universidades é algo **completamente diferente**. Para um cientista **abrir a oportunidade** de recebê-lo, você tem de demonstrar que possui vasto conhecimento sobre o trabalho que ele desenvolveu, que leu grande parte dos artigos que ele publicou, que conhece o trabalho de outros cientistas da área, que sabe como as pesquisas dele se relacionam com outras áreas de estudo, que tem conhecimento do trabalho de cientistas de outras áreas e que domina certas particularidades sobre o método científico (estatística, metodologia de pesquisa, epistemologia etc.). Para abordar um cientista por e-mail, é necessário usar uma linguagem com a qual ele identifique que você domina certos termos. Da mesma forma que advogados e médicos usam termos que são desconhecidos pela população em geral, os cientistas também têm sua linguagem própria.

Os pesquisadores científicos, produtores de todo o conhecimento que aplicamos no dia a dia, apesar de muito simpáticos, **não recebem qualquer pessoa**. Para conseguir um tempo na agenda concorrida de um cientista renomado, nas mais prestigiadas universidades do mundo, é preciso mostrar que você percorreu toda uma jornada, que você tem o mínimo de nível para poder conversar com ele. E para chegar a esse **nível mínimo**, tive que batalhar duramente por 15 anos!

No entanto, os frutos desse preparo e dessa jornada são espetaculares. Nas minhas visitas aos cientistas, consegui organizar tudo o que eu conhecia sobre felicidade numa sequência lógica, além de obter uma clareza enorme sobre os verdadeiros caminhos para a felicidade. Através do meu relacionamento com os cientistas, tive acesso em primeira mão a artigos que **nem sequer foram publicados ainda**. E tudo o que fiz até aqui tem um propósito único: disponibilizar ao público brasileiro, pela **primeira vez**, as mais relevantes e recentes descobertas da ciência sobre o que devemos fazer para ter uma vida fantástica. Além disso, a minha missão também é democratizar a ciência, **traduzindo toda a sua complexidade para uma linguagem simples**, para que todos possam entender e aplicar facilmente as descobertas para começar a trilhar um caminho mais confiável rumo à felicidade.

Na minha jornada no mundo da ciência, eu descobri que **um artigo científico é lido em média por dez pessoas no mundo todo**[1]. Este foi um dos principais motivos pelos quais decidi largar a minha carreira como executivo e me tornar essa ponte entre os círculos acadêmicos e a sociedade, ajudando as pessoas a evitarem erros desnecessários em muitas áreas de suas vidas. Nesses anos, descobri que a estrada da felicidade apresenta vários obstáculos, tentações, seduções e labirintos; por isso, eu a percorri toda, e agora quero trilhá-la ao seu lado, para apresentar a você os caminhos **corretos e mais curtos**. E aviso de antemão que, apesar da minha ajuda, o seu caminho também será difícil. Você corre o risco de se machucar, de se distrair com alguma tentação no percurso, de ficar exausto, de achar que está no rumo errado, e pode até pensar em desistir. Mas uma coisa eu garanto: se você aguentar firme e percorrer *Os 7 Princípios da Felicidade* junto comigo, depois de muitos percalços entrará numa estrada com as paisagens mais espetaculares possíveis e chegará ao destino mais maravilhoso da sua vida. Vamos nessa?

PREFÁCIO

O MEDO DE SER FELIZ
LEANDRO KARNAL
(IFCH – UNICAMP)

Todos queremos ser felizes e todos temos medos variados. O grande poeta Goethe achava que a plenitude da felicidade era encontrar, em cada dia, a vida inteira. Já afirmaram que a felicidade é tecida a partir de pequenos momentos ou que nunca existiria de forma contínua. Pessimistas garantem que ela seria nula no plano terreno, submetida a reveses permanentes. O que poucos desenvolveram, de verdade, é que temos medo de mortes e de perdas, porém, raramente, assumimos o medo que temos da própria felicidade. Ser feliz retira nossas desculpas e coloca o desafio de existir sem "mas", "apesar de", "se eu tivesse" ou "eu adoraria". A felicidade muda tudo. Isso pode descerrar máscaras e certezas. As dores explicam que não cheguei lá, porque o material essencial para minha plenitude não me foi dado: não recebi o corpo ideal, a renda elevada, o conhecimento superior ou o amor verdadeiro. Assim, sou um ator fracassado, porque o teatro era deficitário e a produção fraca. Sartre chamava isso de "má-fé". Em *O Ser e o Nada* (1943), ele nos lembra de nossa condição ontológica, basal, inescapável de liberdade, onde é possível ter consciência. Somos, e antes de tudo, existimos, porque somos livres. Nessa condição, de liberdade, há potência em qualquer vida humana. Quando, salvo por condições extremamente adversas de provação de liberdade, invento desculpas para não mudar, não agir, isso se torna, na verdade, um conforto. É melhor viver uma vida infeliz, mas segura e conhecida, do que assumir que posso ser outra coisa, mas viver com as consequências de uma escolha livre. A liberdade é um fardo ao qual estamos condenados, mas o negamos o tempo inteiro nessa atitude de "má-fé" que nos conforta. E se eu acessasse, de súbito, aquilo que busco e tivesse de confiar apenas no meu talento? Não tenho dúvida de que ser infeliz é uma zona muito interessante de conforto. Identificamos falhas na nossa plenitude. Sabemos sobre a dor. Teríamos consciência do não sofrimento como perguntou

Arthur Schopenhauer? Resta a questão em aberto: sei o que incomoda; porém, eu saberia o que é a felicidade em si? Vamos aprofundar.

Toda ideia trágica, densa, entrecortada pelo vazio e pela dor infinita é filosófica e valiosa. A alegria, a felicidade, todo sorriso esboçado ou imaginado são classificados como autoajuda. Assim pensam muitos hoje, naturalmente, com imensa facilidade para a dor e grande dificuldade para a vida feliz. Com esse julgamento, condenam uma parte expressiva de filósofos que trataram da felicidade, como Aristóteles ou Epicteto. Na verdade, um esforço enorme e constante do pensamento filosófico foi a busca de uma vida plena e significativa e qual seria o sentido exato do termo felicidade. Quando os pensadores estoicos distinguem o que podemos mudar daquilo que está fora do alcance e recomendam concentração no primeiro campo, nada mais fazem do que estimular um caminho para o equilíbrio e a sabedoria. Montaigne fez diversos ensaios sobre estar bem e satisfeito consigo ou sobre o que é uma vida feliz. Luc Ferry alcançou o grande público dissertando sobre o que seria uma vida bem-sucedida. Sêneca pensou sobre a tranquilidade pessoal. Nenhum deles abriu mão do raciocínio claro e lógico ou do uso da vasta erudição para atingir a meta no texto. Sim, é possível ser inteligente e ser feliz. Filósofos sabiam disso, alguns críticos contemporâneos não.

Luiz Gaziri seguiu um caminho original. Como todo mundo, intuiu que a busca da felicidade era uma demanda geral, universal e insistente. O milionário e o miserável, o vitorioso e o derrotado vivem dando respostas (ou formulando perguntas) sobre o conceito de felicidade e como sua vida é boa ou ruim. Duas perguntas relevantes resistem sempre: o que é felicidade e como posso ser mais feliz?

Há dois caminhos tradicionais. O primeiro eu introduzi no parágrafo anterior: o da filosofia. É um caminho sólido, e Gaziri o conhece e cita com frequência. O segundo é o da autoajuda que fornece fórmulas mágicas, automáticas, pueris por vezes. Os filósofos gostam de perguntar e a autoajuda prefere responder de forma simples. Existe uma terceira via, e sobre essa Luiz Gaziri constituiu sua busca. Qual seria?

Há milhares de estudos objetivos feitos em muitos lugares sobre felicidade. São pesquisadores que fazem perguntas simples como "mais dinheiro nos torna mais felizes?" e as submetem a muitas pessoas, tabulam os resultados e procedem, similar à indústria farmacêutica, a testes de eficácia. O caminho, aqui descrito, não é inteiramente filosófico e certamente vai distante da autoajuda. Trata-se da pesquisa e da metapesquisa (pesquisa sobre pesquisas). Responde-se de forma empírica e demonstrável o que milhares de pessoas fazem e pensam e quais os resultados encontrados. Saímos assim do campo imediato da *doxa,* da opinião subjetiva e limitada, e ganhamos altitudes de estudo de caso e de grupo. O autor passou mais de uma década e meia no esforço de coletar, interpretar e tabular muitos dados de fontes acadêmicas confiáveis. O resultado é muito bom. Em poucas páginas, o leitor aproveita o sumo do resultado, o texto concentrado e puro que decorre do esforço do autor.

Você encontrará aqui o pontapé inicial. Quer continuar jogando? Busque outro texto do autor. Vá atrás das fontes citadas. Aprofunde a bibliografia. Nunca encontrei, de maneira tão clara, tantas pesquisas organizadas e pensadas de forma a responder ao quesito "como ser feliz" ou "o que de fato nos torna felizes". Assim, é possível pensar no otimismo sintético da autoajuda que podemos conservar; também no rigor do senso crítico filosófico que almejamos e na base de pesquisas científicas para olhar de um ponto mais alto sobre a nossa percepção individual. O livro que você tem em mãos possibilita avançar muitas casas no tema da felicidade e fornece uma generosa escada para olhar o horizonte com mais clareza. Seja feliz e leia mais. Aqui vai um bom começo. Ser feliz é uma jornada interessante e pode trazer paisagens fascinantes para sua biografia. Todo ser humano, em graus variados, já experimentou dores e perdas, tristeza e luto. Só para variar, por originalidade ou pela vontade de inovar: que tal pensar em ser feliz?

INTRODUÇÃO

A IMPORTÂNCIA DE SER FELIZ

No início dos anos 2000, num laboratório da Universidade de Michigan, as cientistas Barbara Fredrickson e Christine Branigan selecionaram 104 pessoas para um experimento científico, dividindo-as em três grupos diferentes, e fizeram uma descoberta surpreendente[1]. Os participantes do primeiro grupo deveriam assistir a vídeos que causavam **emoções positivas** (serenidade e admiração), enquanto os membros do segundo grupo tinham que assistir a vídeos que geravam **emoções negativas** (raiva ou medo). Ao terceiro grupo foram apresentados vídeos que não despertavam emoção, para manter uma condição **neutra** de sentimentos. Em seguida, as pesquisadoras solicitaram uma atividade individual aos participantes de todos os grupos:

> "De acordo com o que você está sentindo neste momento, organize uma lista do que quer fazer agora."

Os participantes que assistiram a vídeos positivos **(pinguins e natureza)** fizeram listas mais longas de coisas que gostariam de fazer. Aqueles que assistiram a vídeos negativos **(testemunha e penhasco)**.

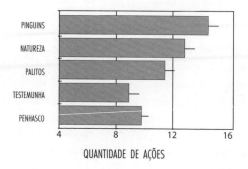

QUANTIDADE DE AÇÕES

Ter um pequeno momento de felicidade, assistindo a vídeos positivos, **aumentou a motivação dos participantes** – eles queriam fazer **mais coisas**. Por seu lado, as pessoas que foram expostas a vídeos negativos, sentindo-se estressadas ou tristes, **perderam a sua motivação** logo em seguida, e prepararam listas **mais curtas** de coisas que gostariam de fazer.

Nesse mesmo estudo, Fredrickson e Branigan apresentaram algumas imagens e pediram aos participantes que informassem qual das duas da parte inferior mais se assemelhava à figura superior.

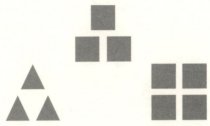

Na sua opinião, qual das figuras inferiores tem uma relação maior com a superior? Veja, a imagem inferior direita parece ter uma relação maior com a superior por ser formada por quadrados. No entanto, a imagem inferior esquerda assemelha-se com a figura **como um todo** – um conjunto de quadrados a formar um triângulo. Será que todos os participantes conseguem chegar a essa conclusão, de que a imagem superior é um triângulo formado por quadrados? Será que todas as pessoas são capazes de enxergar as imagens como um todo e relacioná-las?

As cientistas descobriram que essa visão do todo dependia do estado emocional do indivíduo no momento do experimento. Aqueles que assistiram a vídeos positivos **antes** da tarefa demonstraram maior probabilidade de fazer associações usando as figuras como um todo. Aqueles que assistiram a vídeos neutros ou negativos não conseguiram ver as relações das figuras **como um todo** posteriormente. Passar por um **pequeno momento de felicidade** fez com que os participantes de um dos grupos tivessem um **aumento no campo de visão**. Ao passo que aqueles que encararam momentos negativos durante a exposição dos vídeos tiveram uma **redução no seu campo de visão**.

Em um estudo com novos participantes, Fredrickson fez a mesma intervenção com vídeos, acoplando sensores faciais nos participantes para acompanhar os sinais elétricos de três músculos: o **corrugador**, localizado entre as nossas sobrancelhas, que se ativa quando temos emoções negativas como raiva e irritação; o **zigomático**, responsável por levantar os cantos dos lábios quando sorrimos; e o **orbicular do olho**, que forma o pé de galinha nos cantos externos dos olhos quando o sorriso é **verdadeiro**[2]. Os sensores conseguiam acompanhar até mesmo sinais elétricos extremamente leves, capturados muito antes de ganharem força para criar qualquer expressão facial. Diversos estudos científicos revelam que o sorriso verdadeiro é aquele que ativa o orbicular e o zigomático **ao mesmo tempo**, portanto, o estudo de Fredrickson conseguia facilmente detectar quais eram os participantes que haviam **sorrido genuinamente** enquanto assistiam aos vídeos, bem como quais sinalizaram emoções negativas ou neutras. Após assistirem aos vídeos, todos os participantes foram colocados para realizar uma tarefa que exigia alto grau de **atenção**. Fredrickson e seus colegas descobriram que os participantes que esboçaram sorrisos genuínos **antes de realizar a tarefa** se mostraram **mais atentos** aos desafios dela posteriormente. Como você pode imaginar, o estudo comprovou que aqueles que passaram por emoções negativas **perderam parte da sua capacidade de atenção**, e obtiveram uma **pior performance** na tarefa.

Essas pesquisas ganharam fama e, com isso, outros cientistas tentaram replicá-las em seus laboratórios. Como, por exemplo, um grupo de pesquisadores da Universidade Brandeis, que colocou os participantes de um estudo para ver grupos de imagens em um computador com uma câmera sofisticadíssima acompanhando o movimento dos seus olhos sessenta vezes por segundo[3]. Antes de o experimento começar, um grupo de participantes recebia um pequeno pacote com chocolates – uma forma de **despertar felicidade**; o outro grupo não tinha a mesma sorte. Obviamente, os pesquisadores instruíam o grupo de sortudos a comer os seus chocolates apenas ao final do estudo, um comando a que todos obedeceram. O conjunto ao qual os participantes eram expostos sempre consistia em uma imagem central e outras duas periféricas.

Ao acompanhar os movimentos oculares de ambos os grupos, os cientistas confirmaram que os olhos dos participantes do grupo que **ganhou os chocolates** se movimentavam **mais** do que os do outro grupo. Além disso, os participantes influenciados pela positividade fixavam o olhar por **mais tempo** nas figuras periféricas. Essas pessoas tiveram um **aumento na sua visão periférica** logo após vivenciarem um **momento de felicidade** – literalmente, elas passaram a **enxergar mais**.

Cientistas da Universidade de Toronto realizaram um estudo similar a este, no qual, além de acompanharem a visão periférica dos participantes, aplicaram um teste para medir a sua criatividade[4]. Depois de saber dos resultados dos estudos anteriores, não será surpresa para você a informação de que o grupo levado a sentir emoções positivas antes das tarefas demonstrou ter uma **maior visão periférica, além de maior criatividade**.

Diferentemente do que muita gente pensa, a felicidade não é uma bobagem, algo que devemos deixar para depois, ou pior, algo inútil. Eu também tinha esse tipo de crença na época em que era executivo, mas descobri na ciência que estava errado – enormemente!

> Fatos incríveis acontecem quando você está sorrindo – de uma hora para outra você fica mais motivado, percebe mais possibilidades, consegue visualizar as coisas como um todo, enxerga mais, fica mais atento e criativo.

Muitos estudos demonstram que emoções positivas aumentam a atividade do **córtex pré-frontal** – área do cérebro responsável pelo planejamento, pensamento racional, projeção do futuro, argumentação, aprendizado, criatividade, tomada de decisões, linguagem e outras atividades complexas[5]. Essas descobertas revelam algo fantástico: **o nosso cérebro funciona melhor quando estamos felizes**. A capacidade da parte do cérebro que **mais precisamos** para enfrentar os desafios profissionais e pessoais **aumenta momentos após vivenciarmos emoções positivas**.

Não por acaso, um estudo realizado por Sonja Lyubomirsky, da Universidade da Califórnia em Riverside, Ed Diener, da Universidade de Illinois, e Laura King, da Universidade do Missouri[6], revelou algo fenomenal:

> A felicidade é a causa do sucesso.

Ao contrário do que muita gente pensa, a felicidade não é o **resultado** de se alcançar o sucesso, e sim a sua **causa**. É isso mesmo: o sucesso acontece no **futuro** para quem está feliz **agora**. Infelizmente, muitos perdem as oportunidades com que a vida os presenteia todos os dias por acreditarem que serão felizes somente **após** serem promovidos, ficarem ricos, casarem, terem filhos, iniciarem as suas aposentadorias ou quando se mudarem para o Canadá. Porém, muitos desses objetivos teriam os seus caminhos encurtados se as pessoas cultivassem a sua felicidade **hoje**.

> O seu sucesso futuro é o resultado da sua felicidade presente.

A conclusão a que Lyubomirsky e seus colegas chegaram após explorar 225 estudos que somavam uma amostra de mais de 275 mil pessoas foi:

> Pessoas felizes apresentam mais chances de ter ótimas relações de amizade, excelentes relacionamentos conjugais, salários maiores, melhor desempenho no trabalho, mais criatividade, saúde, otimismo, energia e altruísmo do que aquelas que vivenciam emoções positivas com menos frequência.

Para que você reconheça quão robusta é essa relação entre felicidade e performance no ambiente de trabalho, este estudo revelou que **funcionários felizes são, em média, 31% mais produtivos, vendem 37% a mais e são três vezes mais criativos**. Pessoas felizes também acabam conquistando salários maiores no futuro, de acordo com um estudo que analisou a felicidade de calouros universitários e descobriu que a sua felicidade no início da vida acadêmica apresentava uma correlação positiva com os seus salários **16 anos mais tarde**[7]. Compreende agora como o seu sucesso futuro depende da sua felicidade presente?

Se fossem apenas essas as vantagens de ser feliz, já estaria de bom tamanho. Mas os benefícios da felicidade vão ainda mais longe. Diversos outros estudos científicos comprovam que ao viverem emoções positivas frequentemente, as pessoas são **mais satisfeitas com as suas vidas**[8], têm melhores relacionamentos amorosos e de amizade[9], **aproveitam mais o presente**[10], **gostam mais de si mesmas**[11], têm sinais menores de depressão, são mais otimistas, entendem melhor o propósito das suas vidas, constroem melhores hábitos mentais, têm interações sociais de mais qualidade[12], **demonstram mais resiliência**[13], **apresentam menores níveis de hormônios relacionados ao estresse**[14], têm sistemas imunológicos melhores[15], **sofrem menos de pressão alta**[16], têm menos dores[17], **menor probabilidade de ficarem gripados**[18], **dormem melhor**[19], **apresentam menor chance de ter hipertensão, diabetes**[20], **infarto**[21] **e, não surpreendentemente, vivem mais**. Em um famoso estudo que analisou o conteúdo dos diários de 180 freiras católicas, os pesquisadores da Universidade do Kentucky descobriram que aquelas que expressavam **grandes quantidades de emoções positivas** nos seus registros viviam em média **10,7 anos a mais** que as outras, alcançando **93,5** anos de idade[22].

Um artigo científico publicado pelos pesquisadores Sonja Lyubomirsky, Kennon Sheldon e David Schkade demonstrou que o sucesso está nas nossas **escolhas** diárias[23]. A pesquisa revelou que **50%** da nossa felicidade é **genética**, ou seja, imutável. Outros **10%** apresentam ligação com as **circunstâncias** atuais da vida. Isso significa que ser casado ou solteiro, ganhar mais ou menos dinheiro, ser diretor ou analista em uma empresa, ter filhos ou não, dirigir um Mercedes ou um Renault, viver em Curitiba ou em Natal e morar em uma casa ou em um apartamento produz bem menos impacto na nossa felicidade do que imaginamos. Finalmente, **40%** da nossa felicidade está nas atividades que **escolhemos** realizar no dia a dia. Esta é a melhor revelação da pesquisa, já que nos permite reconhecer que **grande parte da nossa felicidade está sob o nosso controle**. O artigo, publicado na *Review of General Psychology* em 2005, revela que este grande percentual da felicidade está no que os pesquisadores chamaram de *atividades intencionais*, ou seja, ações nas quais as pessoas **escolhem** se engajar, atividades que **dependem somente delas mesmas**.

Ainda assim, você verá que, apesar do grande controle que podemos exercer sobre nossa felicidade, existem inúmeros obstáculos que dificultam com que a alcancemos: pressões sociais, objetivos de vida ruins, atitudes e, inclusive, características do nosso próprio cérebro. **Ser feliz, ao contrário do que se pensa, exige grande esforço e dedicação.**

Este livro apresenta pesquisas altamente confiáveis, produzidas durante décadas pelos mais renomados cientistas do mundo, porém, muitos resultados que você encontrará aqui são contrários às crenças populares. Eu espero que você esteja aberto para realmente processar as ideias deste livro – a sua felicidade e o seu sucesso dependem disso!

PRIMEIRO PRINCÍPIO:
COMPRE FELICIDADE

GASTANDO PARA SER FELIZ

Muitos afirmam que "dinheiro não compra felicidade", mas, explorando alguns artigos científicos, eu descobri que essa é uma verdade **parcial**. A relação entre dinheiro e felicidade não funciona como a maioria das pessoas acredita. Porém, existem, sim, formas de usarmos o nosso dinheiro para **comprar felicidade**. Vejamos como.

Lara Aknin, cientista da Universidade Simon Fraser, no Canadá, decidiu fazer um estudo inusitado para analisar se a forma como as pessoas gastavam dinheiro causava ou não mudanças na sua felicidade[1]. Em uma manhã de verão na cidade de Vancouver, Lara foi para a rua e ofereceu a vários transeuntes um envelope contendo C$ 5, com as seguintes instruções:

> "Por favor, gaste este dinheiro hoje até as 17h comprando um presente para si mesmo ou pagando uma despesa pessoal (como aluguel ou contas)."

Outro grupo de pessoas recebeu um envelope também com C$ 5 dentro, porém com instruções diferentes:

> "Por favor, gaste este dinheiro hoje até as 17h comprando um presente para outra pessoa ou doando-o para caridade."

Para um terceiro grupo, no entanto, Aknin usou algo diferente. Em vez de C$ 5, ela colocou C$ 20 no envelope. A instrução em alguns era "Por favor, gaste o dinheiro consigo mesmo"; em outros, "Por favor, gaste o dinheiro com outras pessoas". A pesquisadora registrou o telefone de cada participante e ainda fez uma pequena pesquisa para saber quão feliz cada pessoa estava **antes** de gastar o dinheiro do envelope.

A forma como os participantes gastaram o dinheiro foi bastante similar; muitos compraram comida ou um café do Starbucks, porém com uma grande diferença: alguns compraram para **outras** pessoas. E como essa diferença afetou a felicidade dos participantes? No final do dia, o grupo que gastou o dinheiro do envelope com **outra** pessoa mostrou-se **mais feliz** do que o grupo que gastou consigo mesmo!

No artigo, publicado pela *Science* em 2008, Aknin e seus colegas Elizabeth Dunn e Michael Norton concluem o estudo sinalizando que, em suas pesquisas, os participantes reportaram gastar **dez vezes** mais dinheiro **consigo mesmos** do que com os outros. Ainda, os seus dados comprovaram que as pessoas têm a percepção equivocada de que gastar dinheiro **consigo mesmas** gera mais felicidade do que fazê-lo com os outros: uma confirmação de que o ser humano insiste em tomar decisões **contrárias** à sua própria felicidade, e que precisamos, cada vez mais, usar a ciência para ter uma vida melhor.

Em 2012, Aknin, Dunn e Norton decidiram fazer um novo estudo para investigar se gastos pró-sociais causavam melhoria em outros aspectos motivacionais[2].

Para o estudo foram selecionados 88 vendedores de uma empresa farmacêutica belga, que receberam uma quantia de € 15 cada. Seguindo o padrão metodológico, alguns desses vendedores foram instruídos a gastar o dinheiro **consigo mesmos**, e outros, a gastá-lo com um **colega de equipe**. Após um mês, os pesquisadores revelaram que os vendedores que compraram algo para os seus **colegas** obtiveram uma melhoria **espetacular** na sua performance, ao passo que **não** houve melhoria alguma nos vendedores que gastaram o dinheiro **consigo mesmos**. Na verdade, esses vendedores retornaram apenas € 4,50 daqueles € 15 investidos, causando prejuízo para a empresa. Por outro lado, os vendedores que realizaram gastos pró-sociais trouxeram **€ 78** de retorno a cada € 15 investidos, gerando um lucro de € 63 por vendedor.

Parece que até nos ambientes mais competitivos, como o de vendas, incentivar as pessoas a gastar o seu dinheiro com **outras** resulta em ganhos interessantes.

Comprar presentes para os outros gera um enorme ganho na sua felicidade. Pense em uma pessoa que vem fazendo a diferença na sua vida, ou até mesmo em alguém com quem você está enfrentando certa dificuldade para se relacionar. Agora, compre um pequeno presente para essa pessoa nos próximos dias – quanto antes melhor! Lembre-se de que o **valor financeiro** do presente é o menos importante – o **ato de presentear** é o que traz felicidade.

- Nome da pessoa: _____
- Presente que irei comprar: _____
- Quando irei comprar: _____
- Data em que entregarei o presente: _____

> Após presentear o seu escolhido, retorne a esta atividade e invista alguns minutos escrevendo o que sentiu no momento em que entregou o presente, e também as suas emoções algumas horas após a atividade. Por favor **não deixe de retornar à atividade** e escrever aqui os seus sentimentos; futuramente, você irá entender a importância disso.
>
> - **O que eu senti no momento em que entreguei o presente:**
>   _____
>
> - **O que eu senti horas depois:** _____
>   _____

ESTAMOS AQUI POR UMA RAZÃO

Mas será que gastar dinheiro com os outros **sempre** gera mais felicidade, mesmo quando as pessoas têm dificuldades para pagar as próprias contas? Pesquisadores de universidades do Canadá, dos Estados Unidos, da Holanda, da África do Sul e Uganda queriam responder a essa pergunta. Ao usar dados de uma pesquisa feita com mais de 200 mil pessoas em 136 países, esses cientistas descobriram uma relação positiva entre a doação de dinheiro e a felicidade em **120 países**[3]. Esse aumento na felicidade das pessoas quando gastam o seu dinheiro com os outros é tão significativo que corresponde à felicidade de alguém logo após receber um acréscimo de 100% no salário! Isso significa que se você quiser sentir a mesma felicidade de ter o seu salário dobrado, com a diferença de que um aumento salarial causa apenas felicidade **momentânea**, basta investir em outras pessoas – um comportamento que os cientistas nomeiam de *gasto pró-social*. Essa relação se mostrou positiva independentemente de o país ser rico ou pobre, ensinando o que não podemos esquecer:

> Fomos feitos para ajudar uns aos outros.

Uma prova ainda maior disso vem dos estudos do economista Arthur Brooks, que estudou a variação de renda anual de 30 mil famílias americanas e descobriu um segredo que poucos agentes financeiros conhecem[4]: a cada US$ 1 que uma família **doa** para a caridade, ela ganha **US$ 3,75 a mais** no ano seguinte. Brooks descobriu, ainda, que pessoas dedicadas a doar o seu **tempo** para a caridade ou **sangue** também aumentam as suas rendas futuras. **Realmente fomos feitos para ajudar uns aos outros!**

Mas a sua felicidade não vem apenas do investimento do seu dinheiro e tempo nos **outros**; escolher de forma adequada como gastá-lo **consigo mesmo** também é fundamental.

COMPRANDO EXPERIÊNCIAS

Você se recorda da penúltima camisa que comprou? Conseguiu lembrar-se ou sentiu dificuldade? Muito bem, vou lhe dar outra chance: você se lembra do penúltimo sapato que adquiriu? Aposto que essa também foi difícil, mas não se preocupe, você não é exceção! Muitos têm dificuldade em lembrar-se das suas últimas aquisições materiais. Isso se deve a um fenômeno chamado **adaptação hedônica**, a capacidade natural de o ser humano se adaptar tanto a situações positivas quanto a situações negativas[5]. A adaptação hedônica, considerada pelos cientistas como a **maior inimiga da nossa felicidade**, vem sendo estudada há décadas por cientistas em todo o mundo, e as descobertas realizadas a respeito desse fenômeno são de grande valor para nós.

Pesquisadores já descobriram que, apesar de as pessoas casadas serem significativamente mais felizes do que as solteiras, o aumento na felicidade do casal volta ao seu nível normal após alguns anos de casamento[6]. Da mesma forma, aqueles que passaram por um procedimento cirúrgico estético sentem-se mais felizes, mas por um curto período[7]. Contrariamente ao que muitos pensam, moradores de cidades mais quentes são tão felizes quanto quem vive em cidades mais frias[8]. Como é possível que a maioria das pessoas, logo após uma grande mudança nas circunstâncias de suas vidas, voltem aos seus níveis iniciais de felicidade? Graças à adaptação hedônica! É por causa dessa adaptação que a sua felicidade evolui por alguns meses ao ganhar um aumento de salário, mas tão logo você se **adapte** à nova remuneração, a sua felicidade retorna ao nível normal. É por causa dela que você compra uma peça de roupa e fica automaticamente mais feliz, mas depois de algumas semanas se **acostuma** com a nova aquisição, e a sua felicidade volta a ser como era antes. É a adaptação hedônica que faz com que, após comprar o carro dos seus sonhos e desfrutar de um prazer incrível ao dirigi-lo por alguns meses, aos poucos ele se torna apenas a forma como você chega ao trabalho.

Ainda bem que a forma como você gasta o seu dinheiro pode levar a adaptação hedônica a passar longe da sua vida. Por isso, eu gostaria de lhe perguntar: você se lembra da penúltima viagem que fez? Estou certo de que lembrar-se de uma viagem foi muito mais fácil, não é mesmo? Isso acontece porque, por sorte, nem todo consumismo está relacionado negativamente com a felicidade. Diversos estudos reiteram que a forma como você gasta o seu dinheiro consigo mesmo também prevê a sua satisfação com a vida.

A pesquisadora Sonja Lyubomirsky concluiu que a adaptação hedônica é mais lenta quando as pessoas consomem **experiências** em vez de bens materiais[9]. Outra descoberta interessante é que, como geralmente as pessoas vivenciam experiências **acompanhadas**, o investimento nessas atividades fortalece os laços de amizade, companheirismo e família[10]. Experiências aumentam a felicidade de **vários indivíduos** ao mesmo tempo e se sustentam por **longos períodos**, ao passo que a maioria dos bens materiais aumenta a felicidade de apenas **uma** pessoa e dura **pouco tempo**. É mais difícil também tecer comparações com experiências; afinal, como medir se a sua viagem a Paris foi melhor ou pior que a do seu colega de trabalho? Mesmo que o seu colega tenha se hospedado em um hotel cinco estrelas com a esposa e visitado os restaurantes mais requintados da cidade, você pode avaliar que a viagem que fez carregando um mochilão nas costas e se alojando em albergues foi **mais proveitosa** que a dele.

Pense em alguma **experiência** que há tempos você quer vivenciar. Pode ser ir até um restaurante novo na sua cidade, fazer um passeio, ir ao show de uma banda que gosta, iniciar um curso de pós-graduação e até mesmo realizar uma viagem. Agora, escreva abaixo com o máximo de detalhes possíveis qual é essa experiência.

- **A experiência que quero vivenciar é:** _____

Em seguida, pense nos **obstáculos** que terá que enfrentar para realizar essa experiência. Pode ser economizar dinheiro, criar uma reserva, comprar ingressos, ir até a universidade para conhecer melhor o curso que irá fazer, preparar-se fisicamente para a experiência ou visitar uma agência de viagens. Esses obstáculos devem ser fatores que podem ser superados **apenas com o seu esforço**, entraves que podem ser vencidos dependendo exclusivamente da sua dedicação. Não adianta querer **voar** e listar a **força da gravidade** como impedimento! Faça uma lista e escreva todos os detalhes possíveis sobre esses obstáculos.

- **Obstáculos que devo enfrentar para realizar a minha experiência:** _____
_____

Finalmente, trace um **plano** para superar cada obstáculo que listou. Pense profundamente no que precisa fazer para superar cada um deles:

- **O meu plano para superar os obstáculos:** _____
_____

> Após ter dado início à "compra" da sua experiência, retorne à atividade e escreva qual foi a experiência que adquiriu e como está se sentindo.
>
> - **Experiência que adquiri:** _____
>
> - **Como estou me sentindo após a compra da experiência:**
>   _____

FELICIDADE DE LONGO PRAZO

Uma das descobertas mais fantásticas sobre o impacto de experiências é a de que nós sentimos mais prazer **antecipando** e **lembrando-nos** de uma experiência do que vivenciando-a[11]. Pense na sua última viagem a passeio, por exemplo. Depois de definir o destino e planejar quais locais visitaria, o hotel onde se hospedaria e os restaurantes que conheceria, por um momento não parecia que você já estava no local das suas férias? Esse planejamento lhe deu prazer, não é? Mesmo depois de anos, toda vez que você vê um enfeite que comprou na viagem, desfruta de uma refeição que o fez recordar-se de um restaurante daquele destino, assiste a um filme ambientado naquela cidade ou vê uma foto de um ponto turístico, por um instante parece que está lá novamente e, assim, os seus níveis de felicidade aumentam. Experiências causam felicidade e motivação **antes, durante e depois** do seu consumo, algo difícil de se conseguir com bens materiais ou dinheiro.

> O seu dinheiro deve ser usado para maximizar a sua felicidade, não a sua riqueza.

Quando escolhe investir os seus recursos em bens materiais, você vivencia emoções positivas por um curto período, pois logo se acostuma com o que comprou, e aquele bem passa a não lhe proporcionar mais prazer algum. Por outro lado, toda vez que escolhe investir em experiências, você vivencia emoções positivas com a **antecipação**, com o **consumo** e com as **lembranças** delas, que duram **para sempre**. Mais adiante, no **sexto princípio da felicidade**, você entenderá melhor por que viver experiências positivas com frequência é de grande importância para o seu bem-estar.

Agora que conhece com clareza as razões pelas quais a maneira como você gasta o seu dinheiro, e não o quanto você ganha, é o que determina a sua felicidade, eu gostaria de explorar o que acontece com aqueles que utilizam o dinheiro de forma errada. Pronto para novas surpresas?

OS PREJUÍZOS DA RIQUEZA

Em 2018, os cientistas Grant Donnelly e Michael Norton, de Harvard, em conjunto com Tianyi Zheng, da Universidade de Mannheim, realizaram um estudo para analisar a felicidade de 4 mil milionários, que revelou algo muito surpreendente[12]. Somente 13% da amostra de milionários disse ser possível alcançar a felicidade perfeita com o montante que já possuíam, ao passo que 52% diziam **precisar de aumentos entre 500% e 1.000%** para se considerarem perfeitamente felizes. Curioso para conhecer alguns detalhes dessa e de outras pesquisas na área, fui até a Escola de Negócios de Harvard conversar com Grant Donnelly, que me recebeu com muita afabilidade no Frist Faculty Commons, uma das salas para uso dos professores. Com as descobertas que ele, Norton e Zheng realizaram sobre a felicidade dos milionários rodeando os meus pensamentos, perguntei a Donnelly o motivo de as pessoas confiarem tanto que o dinheiro lhes trará mais felicidade. Ele me explicou que para as pessoas é importante ter o sentimento de que estão sempre melhorando, constantemente evoluindo. O dinheiro sinaliza essa ascensão de forma simples, pois é fácil de mensurar. Porém, poucos têm consciência dos males que medir o sucesso através do dinheiro traz, disse-me Donnelly.

Um desses males é a tendência de o ser humano se **comparar** com os outros[13]. No momento em que você atinge o seu objetivo de poupar um milhão, percebe que um amigo chegou a 3 milhões e, então, condiciona a sua felicidade ao alcance dessa quantia[14]. Ao obter 3 milhões, você forma novas amizades com aqueles que guardam 5 milhões na conta, e mais uma vez condiciona a sua felicidade à realização desse objetivo. **Essa é uma corrida que você nunca irá ganhar!** Por que os milionários do estudo de Donnelly, Norton e Zheng não se consideram suficientemente ricos? Provavelmente porque os amigos deles têm alguns milhões **a mais** na conta. Muitos outros estudos confirmam as descobertas de Donnelly e seus colegas: pessoas que valorizam demasiadamente o sucesso financeiro são as que reportam mais insatisfação com as suas vidas, além de sofrerem mais de depressão, ansiedade e estresse[15]. Isso porque, ao supervalorizarem dinheiro, roupas, carros ou joias, elas acabam se adaptando

cada vez mais rápido a esses bens, e assim passam a precisar de mais bens para alcançar os seus níveis normais de felicidade – algo denominado pelos psicólogos de **esteira hedônica**, o segundo nível da adaptação hedônica[16].

Se pessoas que se importam demasiadamente com bens de consumo se acostumam cada vez mais rápido a tê-los, passando a depender de doses **maiores** deles para alcançar o **mesmo efeito** na sua felicidade, podemos concluir que a esteira hedônica gera comportamento semelhante ao de usuários de drogas!

MAIS DINHEIRO ≠ MAIS FELICIDADE

A maioria dos cientistas que estudaram este assunto concorda: depois de alcançarmos certo nível de vida no qual temos um teto, roupas e comida, **mais dinheiro não traz mais felicidade**[17]. Em um artigo publicado no *Proceedings of the National Academy of Sciences*, em 2010, Daniel Kahneman e Angus Deaton, da Universidade de Princeton, **ganhadores do Prêmio Nobel**, revelaram que a partir do momento em que uma pessoa passava a ganhar um salário de **classe média**, aumentos na sua receita não se traduziam em mais felicidade diária[18]. Este estudo revela que o dinheiro e a felicidade crescem juntos até certo **limite**. Voltando ao ditado de que "dinheiro não compra felicidade", você acaba de descobrir algo novo: essa frase é válida dependendo de quanto dinheiro você tem! Enquanto um morador de rua experimentaria um aumento exponencial na felicidade ao conseguir um emprego e um lugar para morar, roupas para vestir e o conforto de saber que poderá comer três vezes ao dia, um bilionário que passasse a ganhar US$ 500 mil a mais por ano permaneceria com o seu nível de felicidade inalterado.

A notícia de que todos nós podemos ser **perfeitamente felizes** com uma vida de classe média é confortante, além de mostrar algo curioso:

> Muitas pessoas têm vidas espetaculares – recebem um salário digno que paga todas as suas contas, não devem dinheiro a ninguém, têm carro, casa, boas roupas, alimentação equilibrada, momentos de lazer e bons relacionamentos – e, mesmo assim, têm vergonha dessa vida. O fato de não dirigirem o carro da moda, não possuírem o modelo mais moderno de smartphone ou não poderem tirar férias na Europa – definições de sucesso impostas pela sociedade – as leva a avaliar a sua satisfação com a vida de forma equivocada. É importante que todos saibam que não existe vergonha alguma em ter uma vida simples, humilde e honesta. Aliás, sucesso verdadeiro

é escolher ter esse tipo de vida, mesmo quando se tem a possibilidade de esbanjar.

Para conquistarmos grande felicidade e sucesso, a nossa primeira lição é a de que devemos nos livrar de objetivos de vida que não contribuem com a nossa felicidade. O desejo desmedido de ser um milionário é um deles. Muitas evidências nos alertam para os perigos que esse tipo de objetivo causa nas nossas vidas.

Os seus objetivos de vida, por acaso, eram contrários à sua própria felicidade? Escreva um pouco sobre isso.

- **Como eram os meus objetivos:** _____
  _____
  _____
  _____

Agora, defina o que verdadeiramente é sucesso para você. Lembrando que sucesso financeiro é apenas um tipo de sucesso.

- **Sucesso para mim é:** _____
  _____

Agora, tenho algo difícil a lhe pedir. Imagine que você está no seu próprio funeral. Todas as pessoas importantes que passaram pela sua vida vieram lhe prestar as suas últimas homenagens. O que você quer que elas lembrem a seu respeito no seu funeral? Se alguém discursasse sobre você nesse momento, o que gostaria que ela falasse?

> - **No dia da minha morte, quero ser lembrado por:** _____
> _____
>
> Então, agora que você redefiniu o que é sucesso e definiu por
> quais comportamentos quer ser lembrado pelos demais, enumere
> quais são os seus verdadeiros objetivos de vida.
>
> - **Os meus principais objetivos de vida são:** _____
> _____

SER RICO E FELIZ, SER FELIZ E RICO

Por favor, não me entenda mal: **eu quero que você seja muito rico**. Aliás, sem riqueza não existe inovação, tecnologia, empregos, crescimento econômico, educação e, é claro, ciência. **Dinheiro é, sim, muito importante para a nossa felicidade**: a insegurança financeira gera severas consequências psicológicas[19] e é o principal motivo dos divórcios[20]. Além disso, um estudo recente feito pela American Psychological Association revela que a principal fonte de estresse para as pessoas é a falta de dinheiro[21].

O meu intuito neste capítulo é que você entenda as **consequências negativas que se importar apenas com o sucesso financeiro podem trazer para o seu comportamento**, para que você tenha consciência desses fatos e não acabe tendo baixa satisfação com a vida ou, pior, estragando-a com comportamentos inadequados.

> Você não precisa ser rico para ser feliz,
> mas precisa ser feliz para ser rico.

Olhando por uma perspectiva evolucionária, acumular riquezas faz muito sentido para o ser humano. Para os nossos ancestrais, manter estoque de frutas, sementes, nozes, carnes, gorduras e vegetais era fundamental para a sobrevivência. Em uma época na qual os indivíduos viviam sob a incerteza de ter o que comer, esse hábito de acumular o máximo possível de "riquezas" sem dúvida contribuiu para a prosperidade da nossa espécie. Porém, nos dias de hoje, não faz sentido algum acumularmos riquezas que **nunca teremos o prazer de consumir**. Nós saímos de uma realidade primitiva de escassez para uma realidade moderna de abundância e, apesar de podermos ser imensamente felizes em uma vida com recursos **suficientes**, a nossa raiz primitiva continua no comando, nos direcionando a uma busca incessante pelo acúmulo. Essa busca, porém, gera um prejuízo que ainda não conseguimos estimar.

Portanto, a não ser que os seus objetivos finais na vida sejam se tornar a pessoa mais rica do cemitério, ter uma lápide folhada a ouro, ser enterrado repousando em um travesseiro recheado com dólares ou ser lembrado por ter proporcionado o funeral mais luxuoso da sua igreja, **gaste o seu dinheiro! Ajude os seus familiares, compre presentes para aqueles que são importantes para você, doe dinheiro para a caridade, viaje, surpreenda alguém com uma caixa de chocolates, frequente restaurantes, vá ao cinema, passeie com a sua família e os amigos.** Gastar o seu dinheiro **em vida** é um investimento que paga dividendos superiores a qualquer bolsa de valores.

SEGUNDO PRINCÍPIO:
AGRADEÇA PARA NÃO QUERER MAIS

LEMBRE-SE DOS ACONTECIMENTOS BONS

Desde o início dos anos 2000, os pesquisadores Robert Emmons e Michael McCullough tentam descobrir os efeitos reais que a **gratidão** proporciona ao ser humano.[1] Em uma das suas pesquisas mais importantes, eles realizaram três estudos durante nove semanas. Os participantes de um dos grupos foram incentivados a escrever cinco acontecimentos da semana anterior pelos quais eram **gratos**; o segundo grupo foi incentivado a escrever sobre cinco situações **irritantes** enfrentadas na semana anterior; e aos participantes de um terceiro grupo, coube escrever sobre cinco circunstâncias da semana anterior que **afetaram** suas vidas. Posteriormente, os pesquisadores pediram aos participantes que reportassem com qual intensidade sentiram **mais de 30 emoções negativas e positivas** – entre elas, interesse, desinteresse, irritação, tristeza, estresse, alegria, determinação, esperança, entusiasmo –, bem como com qual **intensidade** experimentaram sentimentos relacionados com a **gratidão**. Emmons e McCullough também mediram a quantidade de sintomas físicos reportados pelos participantes (cansaço, dor de cabeça, dor de estômago, irritações na pele, nariz congestionado, tosse, entre outros), suas reações após terem ajudado amigos ou familiares, o tempo que passaram praticando exercícios, de que forma avaliavam as suas vidas durante a semana anterior e quais as suas expectativas para a próxima semana. Quem imaginaria que um estudo sobre gratidão pudesse envolver tantas variáveis?

Esses cientistas descobriram que o simples fato de **lembrarem e escreverem, uma vez na semana, sobre cinco coisas pelas quais eram gratas** fez com que as pessoas envolvidas avaliassem a semana anterior de forma **mais** positiva, tivessem expectativas **mais positivas** sobre a sua próxima semana, reportassem **menos** sintomas físicos, passassem **mais tempo** fazendo exercícios e expressassem **mais emoções positivas** do que negativas nas oportunidades de ajudar alguém. Quem imaginaria que este simples exercício pudesse **melhorar** tantas variáveis?

Em um segundo estudo, em vez de escrever **uma vez por semana** sobre as suas gratidões, irritações ou comparações sociais, os participantes deveriam fazê-lo **todos os dias**. O resultado: ao analisar as variáveis, em comparação com o primeiro estudo, os cientistas descobriram que houve uma diferença significativa e **ainda maior** na relação entre as emoções positivas e negativas reportadas pelos participantes nas condições de gratidão e irritação.

> Lembrar e escrever diariamente sobre as coisas pelas quais você é grato faz com que a sua felicidade aumente!

Os pesquisadores também descobriram que aqueles condicionados à gratidão apresentavam um comportamento pró-social **maior** em comparação com os demais grupos, reportando **ajudar os outros com mais frequência**. Parte deste comportamento é explicado pelo fato da gratidão melhorar o humor, já que ela proporciona novas emoções positivas.[2] Mas os benefícios da gratidão não param por aqui: cientistas canadenses pediram para estudantes com insônia iniciarem um caderno de gratidão e algum tempo depois eles descobriram que esta prática não somente aumentou a qualidade do sono dos mesmos, mas também diminuiu suas preocupações.[3]

Considerando o que vimos, um dos melhores exercícios para a sua felicidade é ter um **caderno de gratidão**, no qual **todas as noites**, antes de dormir, você escreverá cinco fatos do seu dia pelos quais é grato. Esse exercício fará com que você passe a **prestar mais atenção aos pequenos momentos da sua vida** – como uma deliciosa refeição, um abraço do seu filho, um belo pôr do sol, uma conversa com o seu melhor amigo – **e a apreciá-los novamente**. Dessa forma, você irá reprogramar o seu cérebro para ter prazer mesmo com acontecimentos mundanos, que já não produziam mais efeito na sua felicidade. Adicionalmente, o caderno de gratidão força o seu cérebro a lembrar dos aspectos positivos da sua vida, o que ativa a produção de serotonina, um neurotransmissor responsável pelo aumento da motivação, força de vontade e humor.[4]

E para aqueles que acreditam que a felicidade é o resultado do alcance de um objetivo, a gratidão torna-se ainda mais positiva por nos levar a sermos felizes no **presente**, o que reduz nossa ansiedade[5].

> O segredo da felicidade não está em chegar ao destino, e sim em aproveitar ao máximo cada passo da caminhada.

Ser grato também é importante para conscientizá-lo de quantas coisas boas você **já tem, assim sua satisfação com a vida aumenta**. Quando o seu foco é viver acumulando bens e dinheiro, naturalmente você acaba se esquecendo daquilo que **já possui**, tornando-se um eterno insatisfeito para quem o consumismo é uma válvula de escape a essa frustração.[6] A gratidão **diminui a velocidade** da esteira hedônica, pois faz com que você se **lembre** das coisas que já conquistou e passe a derivar felicidade delas **novamente**. Por isso, faça um esforço para escrever **fatos variados** no seu caderno de gratidão, pois se diariamente você escrever a mesma coisa, o seu arsenal de emoções positivas será pequeno. É natural que às vezes escreva fatos repetidos, mas nesse exercício é importante orientar-se pelo ditado de que "a variedade é o tempero da vida".

Quais são os cinco acontecimentos deste dia aos quais você é grato?

1. _____
2. _____
3. _____
4. _____
5. _____

EXPRESSE A SUA GRATIDÃO

Outro modo de fazer a adaptação hedônica passar longe dos seus dias é aproveitar para **expressar a sua gratidão** a quem o ajuda ou o ajudou. Existe um grande corpo de evidências científicas sobre a gratidão ser uma das formas **mais poderosas** para reconhecer os outros. Uma equipe de pesquisadores de três universidades americanas pediu a um grupo de pessoas com baixos níveis de saúde mental que escrevesse semanalmente uma **carta de gratidão** para alguém, durante três semanas. Como resultado, essas pessoas apresentaram uma melhor saúde mental pouco tempo após o fim do experimento.[7] Mas essa melhora na saúde demora a acontecer – os sinais surgiram apenas na **quarta semana** depois de o experimento acabar e aumentaram expressivamente nas **12 semanas seguintes**. Uma descoberta interessante desse estudo é a de que, para obter um melhor estado mental, as pessoas **não precisaram sequer compartilhar as cartas de gratidão**, revelando que apenas o exercício de **escrevê-las** já proporciona um grande benefício. Porém, como você verá em breve, estudos demonstram que os maiores benefícios de uma carta de gratidão se apresentam àqueles que a entregam **pessoalmente**.

Para finalizar esse estudo, os pesquisadores quiseram saber se houve alguma mudança no cérebro daqueles que expressaram gratidão; assim, eles selecionaram uma amostra desses participantes para medir o seu nível de atividade cerebral três meses após o fim do primeiro experimento. Esse grupo, comparado com as pessoas que não escreveram cartas de gratidão, mostrou uma atividade cerebral mais intensa no córtex médio pré-frontal, uma área associada ao **aprendizado** e à **tomada de decisão** e que também tem um papel fundamental na regulação das emoções.[8] O resultado mostra que a gratidão tem efeitos de longo prazo no cérebro, o que pode contribuir ainda mais para uma boa saúde mental com o passar do tempo.

O pesquisador Glenn Fox, da Universidade do Sul da Califórnia, e seus colegas descobriram em um estudo similar que pessoas instruídas a sentir gratidão apresentam atividades cerebrais em áreas relacionadas à **empatia**, a **entender a perspectiva dos outros** e a sentimentos de **alívio**, o que sinaliza que ter gratidão pelos outros ajuda no **relaxamento do corpo** e na **redução do estresse**.[9] Em consonância com estas descobertas, outro estudo revelou que a gratidão causa a liberação de dopamina, fazendo com que as pessoas passem a apreciar mais suas interações sociais, o que pode fazer com que indivíduos em depressão ou vivenciando momentos negativos voltem a ter relacionamentos saudáveis[10]. Em breve, você irá entender o papel fundamental dos relacionamentos na felicidade.

Se já não fossem muitas as razões para iniciar um caderno de gratidão e de lembrar de expressar sua gratidão as pessoas ao seu redor, Emmons ainda descobriu numa pesquisa recente que pessoas gratas apresentam **menor quantidade de hemoglobina A1c** na corrente sanguínea, um indicador da quantidade de açúcar no organismo diretamente relacionado com o estado de saúde das pessoas.[11]

Os estudos apresentados até então nos esclarecem o verdadeiro significado da palavra **gratidão**.

> Gratidão é prestar o seu reconhecimento a alguém que o ajudou durante a vida. Gratidão é lembrar e escrever num caderno sobre as coisas boas que você já possui, sobre os acontecimentos positivos do seu dia. Gratidão NÃO É postar uma foto sua nas mídias sociais comendo lagosta em Beverly Hills, acompanhada do emoticon que ilustra duas mãos juntas e #gratidão.

Lembre-se de alguém que o ajudou grandiosamente durante a vida, mas a quem você ainda não teve a oportunidade de agradecer.

- **Nome da pessoa à qual sou grato:** _____

_____

Em seguida, **mande um áudio** de WhatsApp para a pessoa escolhida, expressando a sua gratidão. Diga a ela os motivos pelos quais você é grato e como a ajuda dela mudou completamente a sua vida. Por favor **não envie uma mensagem de texto**, pois textos não transmitem emoções da mesma forma que áudios ou contatos pessoais o fazem.

Não se preocupe se a pessoa **não responder** ao seu áudio. Vou lhe contar um pequeno segredo: os cientistas descobriram que o **ato de expressar gratidão** é o que gera felicidade. Portanto, você sempre sairá ganhando ao expressar o seu agradecimento.

- **Mande um áudio de WhatsApp para quem você é grato.**

Este exercício pode ser repetido sempre que você se lembrar de alguém a quem precisa agradecer. O próximo passo é escrever um pouco sobre como você se sentiu após ter enviado o áudio, tenha você recebido resposta ou não.

- **Ao expressar a minha gratidão, eu senti:** _____

_____

Neste capítulo, você descobriu que a gratidão gera benefícios enormes para a sua felicidade e saúde. O **terceiro princípio da felicidade** tem uma relação enorme com a **gratidão**, e ele ajuda a definir com ainda mais clareza o real significado dessa palavra.

TERCEIRO PRINCÍPIO:
RECONHEÇA EM VEZ DE
BUSCAR RECONHECIMENTO

RECONHECIMENTO AO INVERSO

O renomado pesquisador Martin Seligman, da Universidade da Pensilvânia, fez um experimento, no qual seis grupos de participantes deveriam performar **uma** tarefa diferente, com o intuito de ampliar os seus níveis de bem-estar[1]. Os participantes de um grupo foram designados a escrever uma **carta de gratidão** a alguém de quem receberam ajuda, mas a quem nunca agradeceram. Esse grupo deveria entregar a carta **pessoalmente** e esperar em silêncio enquanto a pessoa a lia. Dentre todas as seis tarefas, a entrega **pessoal** da carta de gratidão foi a que causou maiores ganhos na **felicidade** dos participantes, além de ser a que provocou as maiores reduções nos sintomas de depressão. Porém, o fato mais impressionante dessa simples intervenção foi que os efeitos da carta de gratidão continuaram presentes mesmo **um mês após** o experimento.

Pouca gente percebe que, para obter o **máximo benefício** gerado pelo reconhecimento, o caminho a seguir é **inverso** ao que a maioria escolhe.

> Para ser mais feliz, você é quem deve reconhecer os outros, em vez de ficar esperando por reconhecimento.

Um estudo realizado pela fantástica dupla de pesquisadores Adam Grant, da Wharton School, e Francesca Gino, de Harvard, revelou adicionalmente que expressar sua gratidão para alguém que o ajudou no passado faz com que a probabilidade dessa pessoa ajudá-lo novamente no futuro aumente[2].

Eu gostaria de chamar a sua atenção para um ponto importante visto nesse princípio. Nos mais variados estudos, podemos perceber que os benefícios do reconhecimento e da gratidão acontecem de forma mais significativa quando as expressamos **pessoalmente**. Sim, gratidão e reconhecimento têm um efeito maior quando acontecem **off-line**. Não que você não possa expressá-los nas mídias sociais **parabenizando** a conquista de um amigo, escrevendo um e-mail de reconhecimento a alguém que foi importante no seu crescimento profissional ou enviando um aúdio de WhatsApp agradecendo pela ajuda de alguém; porém, sempre que possível é mais recomendado reconhecer os outros **pessoalmente**.

Todos os dias a vida nos presenteia com chances de dar reconhecimento a alguém ao nosso redor; no entanto, é comum deixarmos essas oportunidades passarem. Muitas vezes, lembramos que deveríamos ter reconhecido alguém apenas quando **essa pessoa nos deixa**. Faça uma lista daqueles a quem precisa dar reconhecimento **pessoalmente** – pode ser um colega do trabalho, seu cônjuge, seus filhos, um professor, um amigo: você escolhe.

Lista das pessoas a quem preciso dar reconhecimento pessoalmente:

1._____
2._____
3._____
4._____
5._____

Em seguida, descreva o motivo pelo qual você precisa reconhecer cada pessoa, ou seja: **o que essa pessoa fez para merecer o seu reconhecimento?**

1._____
2._____
3._____

4. _____

5. _____

Agora, planeje **onde** e **quando** dará **reconhecimento a essas pessoas**. Quem você menos espera pode estar precisando de uma palavra de gratidão.

1. Onde _____   Quando _____

2. Onde _____   Quando _____

3. Onde _____   Quando _____

4. Onde _____   Quando _____

5. Onde _____   Quando _____

Existe um perigo muito grande para aqueles com um comportamento **passivo** no reconhecimento, para aqueles que fazem de tudo para **obter reconhecimento** dos outros. Quando condiciona a sua motivação e felicidade aos aplausos **alheios**, você automaticamente coloca a sua felicidade em um destino que **foge do seu controle**.

DESESPERADOS PELO RECONHECIMENTO

Atualmente, é fácil notar como muitos estão desesperados pelo reconhecimento, não somente nos ambientes profissionais como também na vida pessoal e nas redes sociais. As pessoas postam textos com o intuito de mostrar como são dedicadas ao trabalho e para expor as suas brilhantes visões políticas, publicam fotos para divulgar que estão viajando ou em um restaurante sofisticado, enfim, fazem peripécias para receber o **máximo de curtidas**. E quando não recebem o retorno que esperavam, sentem-se tristes – e decidem **postar** sobre isso também

Em maio de 2019, uma notícia publicada no portal da CNN chamou a minha atenção. Um rapaz que estava sendo procurado pela polícia concordou em se entregar na delegacia caso os policiais postassem uma foto do seu pôster de procurado no Facebook e a publicação obtivesse 15 mil curtidas[3]. Sim, as pessoas andam procurando o reconhecimento dos outros **até para serem presas**!

Fora das mídias sociais, outros recursos como cirurgias plásticas, figurinos extravagantes, músculos de tamanhos exagerados, roupas de grifes famosas, carros, joias, relógios, cabelos à moda de personagens de novelas, bolsas e acessórios de luxo são amplamente usados por muitos para a busca do reconhecimento. Além do sentimento de falta de controle, essas pessoas também começam a sofrer com os efeitos de um fenômeno que você conhece bem. Quando você recebe reconhecimento dos outros, fica mais feliz, mas rapidamente a sua felicidade volta ao nível normal. Como ficar feliz é um sentimento bom, o seu comportamento natural será buscar um **aumento** desses momentos "felizes"; logo, você tentará receber **mais** reconhecimento dos outros. Quando isso acontece, você fica mais feliz, mas ainda mais rapidamente a sua felicidade volta aos níveis normais. E o que ocorre com a repetição diária desse hábito? Com o passar do tempo, você passa a precisar de doses cada vez maiores de reconhecimento para ter a **mesma** felicidade. Você é fisgado pela **adaptação hedônica** e, a partir desse momento, a quantidade de reconhecimentos que recebe já não importa: você **sempre** irá achar que não é suficiente.

Isso não quer dizer que receber reconhecimento dos demais não seja algo bom, pois elogios são muito prazerosos. Porém, quando **você começar** a reconhecer os outros, naturalmente as pessoas **lhe serão reconhecidas também**, o que torna essa estratégia ainda melhor. O que os estudos mostram é que você não deve atribuir grande peso ao reconhecimento **dos outros** na sua felicidade. O problema, neste caso, é a frequência com a qual ouvimos dizer que o reconhecimento motiva, o que nos leva a acreditar que também **precisamos de reconhecimento** para sermos felizes – e, como veremos a seguir, fazer algo **esperando o reconhecimento** dos outros gera consequências negativas e inesperadas.

RECONHECIMENTO QUE LEVA À TRISTEZA

Na década de 1970, pesquisadores das Universidades de Stanford e de Michigan decidiram testar o impacto do reconhecimento na motivação das pessoas e, para isso, criaram um experimento científico genial[4].

Crianças de uma escola no interior do campus da Universidade de Stanford foram separadas em três grupos, e cada grupo recebeu orientação para fazer um desenho de sua preferência do modo como veremos a seguir:

> **Grupo 1 –** Antes de iniciarem o desenho, as crianças foram informadas de que ganhariam um prêmio especial pelo seu trabalho: um diploma em seu nome com o título "Prêmio de Bom Colega", decorado com uma grande estrela dourada e um selo em alto-relevo. Esse diploma posteriormente seria pendurado pela criança no "Quadro de Honra" da escola, visível para todos os alunos. Essa condição foi nomeada pelos pesquisadores como recompensa esperada.

> **Grupo 2 –** Após o término do desenho, as crianças recebiam o mesmo diploma, mas como uma surpresa. Esta condição foi chamada pelos pesquisadores de recompensa inesperada.

Grupo 3 – Após o término do desenho, as crianças não recebiam nenhum prêmio. Esta condição foi nomeada de controle.

Para determinar quais seriam os participantes, duas semanas **antes** de o experimento acontecer, a equipe de pesquisadores e seus assistentes observaram o interesse de 102 crianças da escola pelo material que seria usado na pesquisa: canetinhas coloridas e folhas de papel especiais para desenho – itens não disponíveis nas suas atividades corriqueiras. Após descobrirem quais eram as internamente motivadas pela atividade de desenhar, 51 crianças foram estudadas pela equipe de pesquisa.

Com todos os desenhos das crianças participantes em mãos, os pesquisadores convidaram três jurados – que desconheciam o propósito do estudo – para avaliar a qualidade. Orientaram, então, que os jurados atribuíssem uma nota entre 1 (baixa qualidade) e 5 (alta qualidade) para cada desenho. As seguintes notas, em média, foram dadas para cada um dos grupos:

Grupo 1 – Recompensa esperada: 2,18.

Grupo 2 – Recompensa inesperada: 2,85.

Grupo 3 – Controle (sem recompensa): 2,69.

A minúscula diferença decimal pode parecer insignificante a uma observação leiga, por isso convém esclarecer que, no método científico, quando os pesquisadores precisam descobrir se na relação entre valores numéricos há alguma relevância, é feita uma análise criteriosa. Nesse estudo, a análise mostrou uma diferença **estatisticamente significativa** entre as notas do grupo 1 em relação aos grupos 2 e 3. Isto é, o fato de as crianças do grupo 1 **saberem com antecedência** que receberiam um **reconhecimento** pelo seu trabalho **causou** um subsequente impacto negativo na sua performance e, consequentemente, na sua **felicidade**. Tanto o grupo 2 quanto o 3, que realizaram os desenhos sob as mesmas condições (sem saberem que receberiam um prêmio), tiveram melhor desempenho na tarefa.

Se você achou esses resultados interessantes, ficará ainda mais intrigado com o que aconteceu nas semanas seguintes ao experimento. Ao analisar o comportamento das crianças dias após o estudo, os pesquisadores descobriram que, quando podiam brincar novamente com os mesmos materiais do experimento, os participantes do grupo 1 passavam **menos tempo** desenhando do que os demais grupos. Ainda, é interessante ressaltar que as crianças dos grupos 2 e 3 tiveram um pequeno **aumento** no interesse pelos materiais usados na experiência, embora não estatisticamente significativo.

Se não fossem estudos científicos confiáveis, seria muito difícil alguém acreditar na possibilidade de um reconhecimento causar piora na performance e redução na felicidade, além de um posterior desinteresse dos participantes em uma atividade – lembrando que as crianças deste estudo foram escolhidas justamente por demonstrarem anterior motivação natural em relação à tarefa. Podemos assumir que, quando realizamos uma atividade **esperando** algum reconhecimento, um fenômeno estranho acontece com a nossa motivação e, consequentemente, com a nossa performance e felicidade.

Existem outras descobertas científicas pertinentes a este caso. Uma pesquisa conduzida por um dos maiores cientistas da área motivacional, Edward Deci, da Universidade de Rochester, descobriu que quando incentivos externos são introduzidos para a realização de um trabalho as pessoas **perdem a sua motivação interna** e, posteriormente, passam a se dedicar **menos** à tarefa na ausência do incentivo – o que explica a falta de interesse das crianças em desenhar nas semanas seguintes ao experimento[5]. Sendo assim, se um indivíduo trabalha **esperando** pelo reconhecimento, ele automaticamente **perde o seu prazer** em executar os seus afazeres, em concluir um projeto, em conseguir progresso, em alcançar pequenas conquistas. Ele passa a trabalhar **apenas** para ganhar um elogio. Garanto que você conhece pessoas que se comportam dessa forma no ambiente de trabalho.

Não é porque a gratidão e o reconhecimento trazem grandes benefícios para a sua vida que você irá agir **passivamente** e agradecer **apenas** àqueles que o ajudam. Para que os efeitos da gratidão e do reconhecimento sejam exponenciais na sua felicidade, você deve iniciar o que eu chamo de **Ciclo do Reconhecimento**. Como? **Ajudando os outros!** Sim, reconhecimento e gratidão só existem se **antes** alguém tiver sido ajudado! E essa informação nos leva ao quarto princípio da felicidade.

QUARTO PRINCÍPIO:
AJUDE SEM ESPERAR NADA EM TROCA

INICIANDO O CICLO DO RECONHECIMENTO

Joseph Chancellor, da Universidade da Califórnia, fez um experimento com funcionários da Coca-Cola, em Madri, que demonstra de forma surpreendente como ajudar os outros impacta expressivamente o comportamento futuro de todos os envolvidos[1]. Os participantes desse experimento foram informados de que fariam parte de um estudo sobre felicidade, e que uma vez por semana deveriam reportar aos pesquisadores: como estava o seu humor e a sua satisfação com a vida, as suas experiências com comportamentos positivos e negativos, o quanto haviam ajudado os seus colegas e também quanta ajuda tinham recebido deles. O truque desse experimento era o seguinte: dos participantes, 19 foram instruídos pelos pesquisadores a ajudar os seus colegas de trabalho, praticando **atos de bondade** para com um grupo de colegas (trazer um copo de água ou escrever um e-mail de agradecimento, por exemplo), mas não os praticando para com um outro grupo – o grupo de controle.

Chancellor e seus colegas queriam descobrir se pessoas que **recebem** ajuda passam a **ajudar** mais os outros futuramente. No final de quatro semanas, o grupo que foi agraciado com atos de bondade passou a ajudar os colegas de trabalho **278% a mais** do que os participantes do grupo de controle, além de os seus níveis de felicidade se mostrarem **significati-vamente maiores um mês após o final do estudo**. Você pode até pensar que esse aumento nos níveis de ajuda é normal, pois as pessoas têm o costume de **retribuir** o favor a quem as ajudou, mas não foi exatamente o que aconteceu: os pesquisado-res descobriram que quando aqueles inicialmente ajudados foram retribuir o favor, o fizeram para colegas **diferentes** dos "doadores". A revelação mais surpreendente desse estudo, porém, ainda estava por vir: em alguns indicadores, os cientistas observaram que **praticar atos de bondade** produzia impactos mais recompensadores do que **recebê-los**. Em relação aos colegas que **foram ajudados**, os participantes que **ajudaram** – os "doadores" – reportaram níveis mais significativos na redução dos seus sintomas de depressão e no aumento dos seus níveis de satisfação com a vida e com o trabalho.

Nos últimos dias, o comportamento de alguém que pode estar precisando de ajuda chamou a sua atenção?

- **Quem é essa pessoa?** _____

Pense em como você pode ajudar essa pessoa. Existem inúmeras maneiras de fazer isso: com uma conversa, com uma palavra de incentivo, presenteando-a com um livro, emprestando-lhe dinheiro, indicando-a a algum emprego, presenteando-a com um curso, apresentando-a a alguém.

- **Como você pode ajudar essa pessoa?** _____

Em seguida, preste ajuda a quem chamou a sua atenção. Liste quando e como irá ajudá-la.

- **Quem eu irei ajudar?** _____
- **Como?** _____
- **Quando?** _____

Agora, invista alguns momentos escrevendo como se sentiu após ajudar.

- **Ao ajudar, senti...** _____

CONTAGIANDO OS OUTROS

Uma das explicações para o fato de que **receber ajuda** torna uma pessoa mais disposta a ajudar alguém futuramente vem dos estudos de Nicholas Christakis.

Nos anos 1990, o cientista descobriu um fenômeno chamado **contágio social**[2].

Depois de alguns anos e milhões de dólares investidos em pesquisas, Nicholas Christakis, surpreendeu-se ao descobrir que eu e você somos **diretamente influenciados** pelo comportamento de pessoas que não conhecemos nem iremos conhecer. O pesquisador descobriu que quando um indivíduo se torna obeso existe grande possibilidade não apenas de os **amigos** se tornarem obesos, mas também de os **amigos dos amigos** dessa pessoa ganharem peso extra. Os estudos de Christakis em parceria com James Fowler mostram que as pessoas engordam ou emagrecem, ficam felizes ou tristes, ganham mais ou menos dinheiro, fumam ou largam o cigarro **todas juntas**, em um movimento sincronizado. Isso significa que o comportamento de outros indivíduos influencia não apenas o seu próprio comportamento, mas também que **o seu comportamento influencia o comportamento de outros indivíduos**.

O fenômeno do contágio social é tão forte na nossa vida que, se **um amigo** seu fuma, a probabilidade de você vir a fumar aumenta assustadores 61%. Mesmo se quem fuma é o **amigo de um amigo** seu, a probabilidade de você começar a fumar aumenta 29%. E, para piorar, se o **amigo do amigo do seu amigo** fuma, existe a probabilidade de 11% de você passar a ter o mesmo comportamento[3]. Todos nós somos influenciados **fortemente** por até **três graus de separação** nas nossas redes sociais. Assustador, não é mesmo? Nem tanto! A vantagem desse contágio social é que **você pode usá-lo para o bem**.

> O seu comportamento é mais importante do que você imagina.

Fowler e Christakis notaram que quando as pessoas viviam próximas de alguém feliz, a felicidade delas aumentava.[4]

NEURÔNIOS DA IMITAÇÃO

Outra descoberta relevante a essa tendência que temos em **copiar o que os outros fazem** vem da Universidade de Parma. Na década de 1990, os cientistas Vittorio Gallese, Leonardo Fogassi, Luciano Fadiga e Giacomo Rizzolatti, descobriram um conjunto de células do nosso cérebro chamado **neurônios espelho**[5].

Na evolução da nossa espécie, estes neurônios carregaram uma função fundamental no compartilhamento das emoções: se um dos nossos ancestrais observasse uma expressão de medo no rosto de um dos seus companheiros, por exemplo, os seus neurônios espelho se tornariam ativos, fazendo com que ele copiasse a expressão do companheiro, passasse a sentir medo também e isto o ajudaria a se preparar para uma possível situação de ameaça, uma vez que isso poderia sinalizar a presença de um predador que estava fora da sua linha de visão[6].

Atualmente, os cientistas da área revelam que os neurônios espelho ampliaram as suas funções, passando a ser também responsáveis pela **empatia** do ser humano[7]. Quando observamos alguém feliz, os nossos neurônios espelho se tornam ativos e nos levam a querer **sentir** o que aquela pessoa está sentindo. Quando percebemos que alguém está irritado, os nossos neurônios trabalham para que tenhamos a mesma emoção. É por causa dos neurônios espelho que, por exemplo, em uma sala de aula, quando um aluno espirra, automaticamente outros começam a espirrar. Ou quando um aluno boceja, outros sentem vontade de bocejar. Por causa dos neurônios espelho é que ao observar a expressão de medo de um personagem em um filme de terror, sem perceber, você **copia** a mesma expressão facial dele e começa a **sentir medo**, apesar de não estar **vivendo** a situação retratada e de ter a **consciência** de que **nada** do que se passa na tela é real. Os neurônios espelho têm a função de fazer você se colocar na pele da outra pessoa, mesmo que por um momento, o que torna os nossos relacionamentos melhores.

O SEU COMPORTAMENTO É DE EXTREMA IMPORTÂNCIA

Em se tratando das interações, devemos ter consciência de que **os nossos sentimentos e ações se espalham para outras pessoas**. Quando você opta por sorrir, capricha nas suas interações, começa uma conversa dizendo algo positivo e ajuda os demais ao seu redor, os neurônios-espelho das pessoas com as quais teve contato se tornam ativos, e existe uma grande possibilidade de **elas sorrirem, serem simpáticas, responderem algo igualmente positivo e ajudarem outras pessoas**. Lembre-se: ele quer **sentir** aquilo que **você** está sentindo, ela quer **fazer** aquilo que **você** está fazendo.

> Uma mudança no seu comportamento tem o poder de fazer
> com que o comportamento dos outros também mude.

Os comportamentos gerados pelo contágio social e pelos neurônios-espelho nos alertam da importância de **iniciar o ciclo do reconhecimento**. Como já vimos, nós somos o reflexo das pessoas com as quais convivemos, no entanto, a pergunta que você deve fazer a si mesmo é a seguinte:

> Eu quero ser o reflexo das pessoas com as quais
> me relaciono ou quero ser o espelho delas?

Ao iniciar o ciclo do reconhecimento, **ajudando os outros**, você causa uma mudança no comportamento das pessoas **ajudadas** e também no das pessoas que **presenciaram** o seu ato de bondade. A sua responsabilidade e autonomia em transformar o mundo onde vivemos é maior do que imagina. Que tal começar a ser o **espelho** daqueles ao seu redor ajudando os demais, sendo simpático, dando reconhecimento, realizando gastos pró-sociais e demais ações positivas? Só depende de **você**. Só depende dos seus **esforços**.

O BARATO DE AJUDAR

"Barato do ajudante" é como diversos psicólogos chamam o agradável sentimento que experimentamos quando ajudamos alguém[8]. Esse "barato" é causado pela liberação de **endorfinas**, substâncias químicas que nos causam bem-estar. Fowler e Christakis mostram em um estudo que **cada** ato de bondade realizado por um indivíduo é **triplicado** por outros futuramente[9]. Lembra o que aconteceu no estudo conduzido na Coca-Cola, que apresentei no início deste capítulo? As pessoas ajudadas pelos colegas de trabalho passaram a ajudar outros colegas **278% a mais**. Coincidência?

Esta é mais uma prova das vantagens em **iniciar o ciclo do reconhecimento** e da sua grande responsabilidade neste mundo – as pessoas ajudam com mais facilidade **depois** de presenciarem alguém ajudando os outros. Ajudar é tão benéfico no longo prazo que um estudo realizado por pesquisadores da Wharton School e da Universidade de Michigan, publicado em 2012 no *Psychological Science*, revelou que simplesmente **lembrar-se** de ocasiões em que ajudou alguém já faz com que você queira ajudar **novamente**[10].

A esta altura, você deve ter percebido algo fenomenal: no mundo atual, muitos reclamam de que ninguém ajuda ninguém, que as pessoas não estão nem aí para as outras, que ninguém é educado no trânsito, que ninguém é gentil, que ninguém é educado. Porém, se você quiser presenciar essas mudanças no mundo, **quem deve iniciar o movimento**? Você! Muitos dizem ser impossível mudar aos outros, mas a ciência nos prova o contrário.

> Para mudar aos outros, você é quem deve mudar primeiro.

Lembre-se de que todos aqueles que presenciaram você prestando ajuda têm aumentadas as suas chances de imitar o seu comportamento. Quando você é simpático, outras pessoas passam a ser simpáticas. Quando você incentiva alguém com as suas palavras, outros irão incentivar as pessoas ao seu redor. **Tudo começa com a sua atitude!** Você pode gerar mudanças no comportamento de muitos.

Eu gostaria também de lembrá-lo dos estudos realizados pelo economista Arthur Brooks, que revelam o quanto **ajudar os outros beneficia o doador**. Você se recorda de que cada US$ 1 que uma família americana doava para a caridade se transformava em US\$ 3,75 no ano seguinte? Ajudar os outros é vantajoso até para as suas finanças.

> Pense em alguém que você gostaria que tivesse um comportamento diferente.
>
> - **Quem é essa pessoa?** _____
>
> Neste momento, planeje como será o espelho dessa pessoa, iniciando o comportamento que quer que ela copie.
>
> - **Qual é o comportamento que eu quero que essa pessoa copie?** _____
> _____
>
> Finalmente, planeje como agirá para mostrar esse comportamento na frente dela, para que ela tenha vontade de imitá-lo.
>
> - **Na frente dela, mostrarei esse comportamento...** _____
> _____
>
> Repita esse comportamento diante dessa pessoa sempre que possível.
> O que você percebeu? Essa pessoa mudou o seu comportamento?
>
> - **Escreva as suas impressões:** _____
> _____
> _____

Muitas vezes, em nossa vida pessoal e no mundo corporativo, somos incentivados a "garantir o nosso", como se a vida fosse um jogo de recursos limitados, onde alguém perde e outro ganha. Garantir apenas o "seu", sem se importar em ajudar aos outros, gera consequências desastrosas para a nossa felicidade, como você está prestes a descobrir.

AS CONSEQUÊNCIAS DE NÃO AJUDAR

Stephanie Brown, da Escola de Medicina da Universidade Stony Brook, descobriu algo revelador ao analisar uma amostra de 846 casais de sexagenários. A cientista e seus colegas detectaram que pessoas que prestavam **pouca ajuda** aos amigos, familiares e vizinhos, bem como **pouco suporte emocional** ao cônjuge, tinham uma probabilidade **mais do que dobrada de morrer** durante os cinco anos em que o estudo as acompanhou[11]. Outro estudo realizado por pesquisadores de universidades canadenses e holandesas revelou que **não ajudar os outros**, neste caso dividindo dinheiro de forma justa, causa um aumento do hormônio cortisol, responsável por graves problemas de saúde[12]. Não ajudar, além de causar enormes prejuízos para a nossa saúde e longevidade, é uma atitude que afeta o **principal previsor da nossa felicidade**: os relacionamentos.

QUINTO PRINCÍPIO:
CULTIVE OS SEUS RELACIONAMENTOS

CAPITAL SOCIAL

No final das contas, realizar gastos pró-sociais, investir em viagens, expressar a nossa gratidão aos que nos ajudaram durante a vida, reconhecer os outros e auxiliar as pessoas ao nosso redor são ações que fortalecem os nossos **relacionamentos**. Não por acaso, os cientistas ranqueiam os relacionamentos **como a principal condição para um indivíduo ser feliz**[1].

> Fazer os outros felizes é o que possibilita a sua felicidade individual.

Pesquisadores da Universidade do Oeste de Ontário, no Canadá, revelaram que quando estamos próximos daqueles com quem nos damos bem, ficamos mais bem-humorados e somos mais criativos[2].

Lembre-se que Fowler e Christakis notaram a mesma coisa: quando as pessoas viviam próximas de alguém feliz, a felicidade delas aumentava, por causa do efeito do contágio[3]. Na verdade, quanto **mais próximas** as pessoas viviam de alguém feliz, maior era a sua felicidade. Os pesquisadores relataram que esse aumento na felicidade dos indivíduos ao conviverem com alguém feliz é mais significativo do que um aumento de **US$ 10 mil** nas suas rendas anuais. Sim, os relacionamentos pagam dividendos superiores àqueles que você pode presenciar no momento. Se estiver em dúvida sobre o tipo de capital que deve investir para aumentar a sua felicidade, a ciência nos mostra que um dos mais seguros é o seu **capital social**. Outro estudo similar, publicado por um pesquisador da Universidade de Londres em 2007, descobriu que melhorar o nível dos seus relacionamentos pode aumentar a sua felicidade de forma equivalente a uma renda de **£ 85 mil** anuais[4]. O estudo ainda aponta para algo de que você já está ciente: aumentos **reais** na renda compram pouca felicidade.

Um estudo realizado por pesquisadores australianos que analisou 1.477 idosos demonstra um benefício extra causado pelas amizades: maior

longevidade[5]. Aqueles com um grande número de amigos viviam 22% a mais em comparação aos que tinham poucos relacionamentos. Para a surpresa de muitos, o grupo de cientistas ainda descobriu que as relações com familiares e crianças tinham um **baixíssimo impacto** na longevidade – ter **muitos amigos** superava **todas** as outras dimensões relacionadas com a longevidade dos idosos. Uma metanálise de 150 estudos, realizada por cientistas da Universidade Brigham Young e Universidade da Carolina do Norte, analisou dados sobre as chances de mortalidade de 308.849 pessoas e confirma esses dados: aqueles com boas relações de amizade **aumentam** as suas chances de sobrevivência em 50%[6]. De acordo com os pesquisadores, ter **poucas** relações de amizade impacta a longevidade das pessoas de forma muito similar a **fumar 15 cigarros por dia**; é mais danoso para a saúde do que ser **obeso** ou do que **não praticar atividades físicas**.

FREQUÊNCIA, NÃO INTENSIDADE

Muitos acreditam erroneamente que a felicidade relacionada aos relacionamentos e interações se constrói através de conversas **intensas**, ao passo que a ciência nos mostra que isso ocorre com a

frequência. Ed Diener – um dos fundadores da psicologia positiva – e alguns colegas notaram que, com o passar do tempo, ficamos mais felizes quando temos **diversas** interações positivas durante o nosso dia a dia em vez de poucas interações de alta intensidade[7]. Passar o dia inteiro conversando com o seu melhor amigo irá trazer **menos** felicidade do que se você tivesse **trinta** interações positivas, mesmo que pequenas, durante esse dia.

Ao realizar um estudo com zeladores de um hospital, Jane Dutton e Amy Wrzesniewski descobriram que uma das escolhas daqueles que queriam aumentar o seu senso de propósito no trabalho foi **caprichar nas interações** com os pacientes, visitantes e colegas de forma que essas interações pudessem **abrilhantar o dia deles**[8]. Extrair mais satisfação do seu trabalho é outro benefício das interações na motivação e na felicidade, além de ser uma prova adicional de que a **frequência** é mais importante do que a **intensidade**. Um estudo feito por pesquisadores canadenses, americanos e chineses revelou que os funcionários sentiam menos cansaço no final do dia quando utilizavam o seu horário de almoço para realizar **interações sociais** com os colegas de trabalho![9] John Trougakos, um dos autores do estudo, revelou que usar o horário de almoço em atividades **solitárias**, como o **relaxamento**, acabava fazendo o funcionário sentir-se **mais cansado** no final do dia, por mais contraditória que a informação possa parecer.

INTERAÇÕES QUE VALEM OURO

Um dos seus principais papéis no **contágio social** é garantir que **todas** as pessoas com as quais você venha a ter qualquer interação saiam com um **sorriso** no rosto. É preciso que você tenha consciência de que **o seu comportamento é importantíssimo para a sua felicidade**, bem como para a das demais pessoas no mundo. Os estudos apresentados até então confirmam a importância de ações que fortalecem os nossos relacionamentos, mostradas nos capítulos anteriores, como expressar a sua gratidão **pessoalmente** aos que o ajudaram no passado e não perder as oportunidades de **ser reconhecido** por seus familiares, colegas de trabalho, filhos e cônjuge.

Falando nisso, como estão os seus relacionamentos atualmente? Você capricha em **todas** as suas interações, **todos** os dias, ou só nas que têm alguma importância pessoal?

> Reconhecer as pessoas também é reconhecer que elas existem!

Muitos acabam se tornando "invisíveis" para nós durante a correria diária, e com isso perdemos chances valiosas a cada minuto. Como são as suas interações com o frentista do posto, o caixa do supermercado, o manobrista do estacionamento, o professor do seu filho, o garçom do restaurante, o jardineiro, o subordinado na empresa, o estagiário, a equipe de limpeza do seu escritório e a sua diarista? Essas pessoas **existem** para você? A atitude de investir alguns **segundos** sendo gentil com elas, reconhecendo que **existem**, pode gerar uma transformação de uma magnitude inimaginável. As pessoas "invisíveis" podem estar sofrendo com um filho doente, ter acabado de levar uma bronca desnecessária dos chefes, ter sido maltratadas injustamente por um cliente, ter problemas conjugais, estar devendo para o banco um dinheiro que não conseguem pagar ou passando por um momento difícil com o falecimento recente de um ente querido. Para muitos, receber **um** tratamento simpático durante o dia é algo raro. Uma breve interação cordial pode alegrar imensamente o dia de alguém. Essas pequenas ações de gentileza, esses **micromomentos** de felicidade[10], posteriormente poderão vir a gerar vantagens enormes para você e outras pessoas – mais sobre isso no próximo capítulo.

Quando faz **cada interação valer**, você fica mais feliz, a pessoa que interagiu com você fica mais feliz, a próxima pessoa com quem ela interagirá também ficará mais feliz, a próxima pessoa com quem você conversar também ficará mais feliz, e assim esse contágio se espalha, possivelmente, retornando para você mesmo!

O MAIOR INIMIGO DAS INTERAÇÕES

Ele está em todos os lugares: no seu bolso, em cima da mesa, em suportes, no banco do carro, nas mãos do seu filho. Essa "praga" aumenta em quantidade a cada dia, sendo cada vez mais visível em qualquer ambiente. Apesar de não ter capacidade de reprodução, prolifera numa velocidade impressionante, e talvez você até a esteja usando para ler este livro. Sim, refiro-me à maior "praga" do mundo moderno: o smartphone. Quantas vezes você já presenciou pessoas a uma mesa de refeições que **não estão conversando** umas com as outras porque interagem com **outras** através do celular? E quantas vezes já se deu conta de que **você mesmo faz isso**?

Quantas vezes já se deu conta das **oportunidades que perde** de transmitir a sua felicidade e cultivar seus relacionamentos interagindo **pessoalmente** com os seus amigos, familiares e colegas de trabalho porque **escolhe** trocar mensagens no celular com **outros** enquanto está com eles?

Certo dia, em uma viagem de avião, uma criança sentou-se do meu lado. O comissário de bordo começou a fazer brincadeiras com o menino e perguntou a ele: "Do que você gosta, amigão?". A resposta do garoto foi: **celular**! Perceba que ele não falou que gostava de jogar bola, que gostava do pai e da mãe ou até mesmo que gostava de brigadeiro – ele disse que gostava do **celular**! Nas minhas andanças por todo o Brasil para dar palestras, uma das cenas mais comuns que costumo presenciar é um casal com os filhos a uma mesa de restaurante, onde cada um interage com o seu celular e as crianças seguram um tablet. Eu imagino qual é o tipo de relacionamento que essa família está construindo – um no qual cada indivíduo prefere interagir com alguém que **não está ali** no momento, um no qual o casal **não conversa** sobre os assuntos do dia a dia e um **não valoriza** o outro, um relacionamento sem atenção e carinho. Penso em que tipo de criança estamos criando neste mundo; uma criança que **gosta do celular** em vez do pai e da mãe? Uma criança que não sabe conversar e que futuramente não saberá interagir adequadamente com os seus colegas de trabalho? Uma criança que não sente empatia pelos demais, pois nunca foi incentivada a prestar atenção aos sentimentos dos seus familiares e tem o seu verdadeiro foco na **tela do celular**? Um futuro líder que quando fica nervoso ou tem de esperar por alguma decisão descarrega a sua tensão jogando Minecraft?

Uma pesquisa recente mostrou que 22% dos *millenials* dizem não ter **nenhum amigo**[11]. Pior ainda é saber que 25% deles afirmam não ter sequer **conhecidos**. Como será o futuro dessas pessoas que não têm relacionamentos, que não desfrutam da principal condição para serem felizes?

Se você quiser ser feliz e motivado, uma dica preciosa é usar o seu celular **o menos possível**. Esteja **verdadeiramente** com quem você está conversando! Existe algo mais chato do que conversar com uma pessoa que não larga o celular? Qual é a mensagem indireta que essa companhia manda para você? "Pode ser que eu receba uma **piadinha** por WhatsApp que seja **mais importante** do que a nossa conversa." Não esqueça que essa também é a mensagem que **você** manda aos outros quando o seu celular está visível durante um bate-papo. O estudo "The iPhone Effect", realizado pela Virginia Tech, revela que a mera **presença** visível de um telefone celular durante uma interação arruína a qualidade dela[12].

Não me leve a mal: eu também acho que os smartphones são uma invenção incrível. Mas o que a ciência comprova é que são ainda mais incríveis quando nós os utilizamos nos momentos em que estamos **sozinhos**!

As suas interações são uma das ferramentas mais efetivas para que você **vivencie, acumule e espalhe emoções positivas.** O próximo princípio da felicidade tem algo surpreendente a revelar para você sobre isso.

Depois de saber como o seu smartphone atrapalha os seus relacionamentos, reflita se você o vem usando de forma adequada. Seja sincero.

- **Estou usando o meu celular...** _____

Existem momentos do dia em que você poderia deixar o seu smartphone em outro cômodo? Ou quem sabe dentro de uma gaveta por um longo período? Realize essa ação amanhã!

- **Amanhã, das ___ h até às ___ h eu vou deixar o meu telefone celular fora do meu alcance e fora do meu campo de visão.**

Agora, descreva como se sentiu com essa ação e como ela influenciou os seus relacionamentos e a sua produtividade.

- **Como eu me senti:** _____
  _____

- **Como deixar o meu celular fora do alcance e do campo de visão influenciou a minha produtividade:** _____
  _____
  _____

SEXTO PRINCÍPIO:
AUMENTE AS SUAS EMOÇÕES POSITIVAS

EMOÇÕES POSITIVAS, RESULTADOS POSITIVOS

A ciência descobriu que emoções positivas causam no nosso corpo a liberação do hormônio chamado **ocitocina**, que diminui os nossos batimentos cardíacos e faz com que mais oxigênio entre no cérebro, aumentando também a nossa capacidade de **confiar, colaborar** e nos **relacionar** com os outros[1]. A ocitocina – conhecida como o hormônio da felicidade – ainda faz com que emoções negativas tenham um impacto **menor** no nosso bem-estar, pois reduz a reação da amídala e ajuda a regular as emoções, evitando que saiam de controle[2]. Além disso, a ocitocina **aumenta a nossa atenção aos fatos positivos** que ocorrem no nosso dia a dia.

Na década de 1990, pesquisadores da Universidade Cornell descobriram que médicos que recebiam um saquinho com doces **antes** de uma consulta chegavam a **diagnósticos melhores**, com **menor** probabilidade de ficarem fixados nas suas ideias iniciais – lembre-se disso na sua próxima visita a um médico ou a um dentista[3].

Um grupo de cientistas da Universidade da Califórnia em Berkeley chegou à conclusão de que **gerentes que eram positivos** tomavam decisões mais precisas e cuidadosas, além de serem mais efetivos nos relacionamentos com os seus subordinados[4].

Você deve se recordar de que as **emoções positivas** geram vantagens como:

- Aumento na motivação
- Maior atenção
- Criatividade
- Visão do todo
- Aumento na visão periférica
- Otimismo
- Resiliência
- Melhor função imunológica

Depois de coletar por décadas as evidências científicas dos benefícios das emoções positivas, a pesquisadora Barbara Fredrickson nomeou as suas descobertas como **Teoria da Expansão e**

Construção[5]. Emoções positivas têm uma função maior do que apenas nos deixar felizes, pois **expandem** as nossas mentes, deixam-nos mais atentos, fazem com que enxerguemos novas possibilidades, tornando-nos mais criativos e abertos a novas ideias. Com o passar do tempo, essa carga frequente de emoções positivas nos ajuda a **construir** habilidades físicas, intelectuais, sociais e psicológicas, aumentando a nossa resiliência, diminuindo o impacto dos momentos negativos pelos quais passamos, melhorando as nossas relações e nos permitindo ter mais saúde.

> Emoções positivas funcionam como uma "musculação" para o cérebro, deixando-o cada dia mais forte.

Toda vez que você gasta o seu dinheiro com os outros, que lembra e escreve sobre as coisas pelas quais é grato, demonstra reconhecimento a alguém que o auxiliou, ajuda as pessoas ao seu redor e cultiva os seus relacionamentos, o que está fazendo nada mais é que **aumentar a sua carga de emoções positivas na vida**, o que possibilita uma série de mudanças interessantes na construção da pessoa que você será no futuro.

Muitos acreditam que a felicidade é um estado alcançado por emoções positivas grandes, mas isso não é verdade. Barbara Fredrickson revela que **pequenas** emoções positivas são suficientes para aumentar e sustentar a felicidade – algo que ela nomeia como **micromomentos de felicidade**. Obviamente, um único e pequeno momento positivo não é capaz de mudar a sua vida, mas o lento e frequente acúmulo de emoções positivas faz uma grande diferença. E quais são as emoções positivas que trazem todos esses benefícios? As evidências de Barbara Fredrickson apontam: **alegria, gratidão, serenidade, interesse, esperança, orgulho, diversão, inspiração, fascínio e amor**.

Outra descoberta fantástica de Barbara Fredrickson aconteceu quando ela fez um grupo vivenciar emoções positivas durante cinco semanas seguidas. Com o decorrer das semanas, a positividade dos participantes **aumentou**; eles passaram a ser **ainda mais abertos e a enxergar ainda mais possibilidades**[6]. E qual é a relevância disso? A importância aparece de forma clara quando essas pessoas passam por **dificuldades**. Tomadas pela positividade, elas chegam a **mais soluções** para resolver os seus problemas, pois as suas mentes estão **mais abertas**, o que as ajuda a lidar melhor com as suas dificuldades e a enfrentá-las com mais facilidade; além disso, outros estudos da pesquisadora descobriram que indivíduos positivos se **recuperam mais rapidamente de momentos traumáticos**[7].

Por outro lado, **quando inundado pelo negativismo, o indivíduo enxerga poucas possibilidades** e, se não tiver um "estoque" de emoções positivas, não terá a força necessária para sair de um momento ruim. Muitas vezes, em casos como esse, a única opção que o deprimido encontra é o suicídio. Perceba que o negativismo alimenta **ainda mais** negativismo na sua vida. Mas, felizmente, o positivismo também alimenta a si mesmo. **Qual desses alimentos você vai escolher?**

Depois de conhecer os estudos de Fredrickson, muita gente chega à conclusão de que um dos segredos da felicidade é **aumentar** as emoções positivas e **zerar** as negativas, mas essa percepção, além de ser errada, é perigosa. Você pode até não **escolher** vivenciar emoções negativas, mas certamente **elas irão escolhê-lo** em algum momento do dia. Lembre-se de que as emoções negativas são **inevitáveis** – ninguém está livre de discutir com o cônjuge, de ser maltratado por um cliente ou por um colega de trabalho, de levar uma bronca desnecessária do chefe, de ser surpreendido com o xingamento de um motorista nervoso ou de ser assaltado. Muitas vezes, as emoções negativas nos ajudam a tomar decisões que geram consequências **positivas** para as nossas vidas, como o divórcio em uma relação abusiva. Emoções negativas são necessárias não apenas para a nossa felicidade, mas também para a nossa motivação, pois nos fazem agir!

Quando tratamos de emoções positivas, no entanto, devemos saber de algo importante: a ocitocina apresenta uma pequena falha – **seu tempo de metabolização é curto**[8]. Essa constatação torna ainda mais engraçado o ditado "alegria de pobre dura pouco" – algo apenas parcialmente verdadeiro, já que a ocitocina do rico tem o mesmo comportamento. Além disso, você descobriu no primeiro princípio da felicidade que se "alegria de pobre dura pouco", **alegria de rico dura ainda menos**, já que eles se adaptam muito rapidamente a bens materiais e dinheiro por causa da esteira hedônica.

O curto tempo de metabolização da ocitocina é um fenômeno que explica a importância de vivenciarmos o máximo de micromomentos possíveis de felicidade no dia a dia, já que eles duram pouco, mas o seu acúmulo é fundamental na **expansão e construção** do nosso bem-estar. Lembre-se de que as emoções negativas são inevitáveis e que às vezes elas acontecem para o bem. No entanto, você deve evitar a todo custo **escolher** viver essas emoções.

VOCÊ ESCOLHE O ESTRESSE?

Imagine que você está na selva. Faz três dias que não come absolutamente nada, portanto, está faminto. Em uma das suas caminhadas matinais você encontra uma macieira, e nela há apenas **uma** maçã. A antecipação de uma experiência positiva já o faz começar a salivar, imaginando o prazer de comer a fruta; então você dá um pulo e alcança aquela inestimável maçã. Quando está prestes a desfechar a primeira mordida, o barulho vindo de uma árvore ao seu lado o interrompe. O que fazer? Para tomar uma decisão, é preciso considerar a sua emoção positiva – "Esta maçã deve ser uma delícia e estou morrendo de fome!" – e sua emoção negativa – "O barulho na árvore pode ser um tigre querendo me devorar!". Qual delas escolheria?

Saiba que essa situação era bastante comum na vida dos nossos antepassados; afinal, vivíamos na selva disputando comida com todos os outros animais. Assim, tomar decisões **rápidas** era crucial para a sobrevivência e continuidade da nossa espécie.

Em um momento como este, devido ao sentimento de **ameaça** que a situação apresentaria, ocorreria o aumento do hormônio cortisol no seu organismo. O cortisol – conhecido como hormônio do estresse – ativa um mecanismo de resposta chamado *lutar ou correr*[9]. Quando uma grande quantidade desse hormônio ingressa na corrente sanguínea e a inunda de glicose, o seu sangue migra da parte superior dos tecidos para os **músculos**[10], provendo energia imediata para o seu corpo enfrentar uma situação de ameaça ou estresse – **lutar ou correr**. Na possibilidade de o barulho na árvore ter vindo de um tigre, a sua reação imediata decerto será fugir para não ser devorado[11]. Dificilmente o seu cérebro agiria de forma **racional** para enfrentar essa nova ameaça[12]. Se assim fosse, enquanto você pesava se o barulho na árvore era de um roedor ou pássaro, **o tigre já o teria atacado**!

Um dos efeitos do cortisol é justamente este: ajudar-nos a tomar uma decisão rápida, que aumente as nossas chances de sobrevivência[13]. É por esse motivo que uma elevação de cortisol no sangue desliga parcialmente o córtex pré-frontal[14]. Você deve se lembrar de que essa parte do cérebro tem uma atividade mais intensa quando vivemos emoções positivas e que ela é responsável pela resolução de problemas complexos, pelo planejamento, pela projeção do futuro, pela linguagem e pelo pensamento racional. O cortisol, além de desligar o córtex pré-frontal, ativa uma parte neural primitiva chamada **amídala**, cuja função é tomar decisões para garantir que você continue vivo: **largue essa maçã e saia correndo!**[15] Esse hormônio também pode aumentar a velocidade dos seus batimentos cardíacos, o que direciona mais sangue aos seus maiores músculos (uma preparação para lutar ou correr) e faz com que você respire mais rápido. Consequentemente, ocorre uma redução na quantidade de oxigênio no cérebro para atender aos demais órgãos e músculos, o que piora o seu funcionamento.

> Emoções negativas podem desligar parcialmente uma parte do cérebro responsável pela criatividade, fazendo com que você vislumbre menos possibilidades. Emoções negativas reduzem a sua visão do mundo.

Apesar da enorme diferença na severidade e quantidade de ameaças vividas pelo homem das cavernas e o moderno, o seu mecanismo primitivo de defesa continua funcionando como se ele ainda vivesse na selva. Pelo fato de que milhões de anos atrás nós, seres humanos, tínhamos que nos manter 100% atentos ao que poderia acontecer de **errado** – pisar em uma cobra, ter uma pantera à espreita sobre uma árvore, ouvir algum barulho estranho nas proximidades –, somos **naturalmente negativos**.

Até hoje, continuamos mais atentos às coisas negativas presentes no nosso ambiente do que às positivas, um fenômeno que a ciência chama de *viés da negatividade*[16].

Ao receber o boletim de um filho, por exemplo, quais são as notas que chamam mais atenção dos pais, as boas ou as ruins? Ao dar ou receber um feedback, a conversa é mais positiva ou negativa? Ao navegar em um site de notícias, quais manchetes chamam mais a atenção da maioria, as positivas ou as negativas? O cérebro humano foi **programado** pela evolução para **procurar** coisas negativas com mais frequência do que coisas positivas.

Um dos grandes problemas do hormônio cortisol é o seu tempo de metabolização no organismo, que ocorre **lentamente**[17]. É por isso que quando temos um momento negativo no nosso relacionamento conjugal, ou quando lemos uma notícia negativa em um site, ficamos **o dia todo** nos lembrando desses acontecimentos. Emoções negativas entram no nosso corpo e provocam efeitos de longa duração. Lembra-se de que o cortisol desliga parcialmente a parte do cérebro responsável pela criatividade e argumentação? É por esse motivo que você só se recorda das coisas que deveria ter dito em um conflito **muito tempo depois** de ter acontecido. Pequenas cargas de cortisol não causam grandes problemas à saúde e, na verdade, até fazem com que você aja! O problema se dá quando essas cargas do hormônio do estresse aumentam na sua frequência e intensidade – vale dizer que o estresse está relacionado a várias condições que causam morte prematura[18].

Em um estudo que analisou o impacto do estresse em 1.552 irmãs gêmeas, por exemplo, revelou-se que quando uma das irmãs sofre mais com o estresse, seus telômeros – as "tampas" de DNA que protegem as extremidades dos nossos cromossomos – aparentam ser **sete anos mais velhos**[19]. O estresse reduz o tempo de sobrevivência das nossas células, consequentemente encurtando os nossos telômeros em um ritmo **maior** do que o normal. A neurocientista Rajita Sinha da Escola de Medicina de Yale nos alerta sobre outro perigo desconhecido que o acúmulo do estresse causa. Sinha descobriu que passar por muitos momentos negativos durante a vida pode resultar em uma **redução no volume de massa cinzenta no córtex pré-frontal e outras áreas do cérebro**[20]. Tente imaginar as consequências que ter um córtex pré-frontal menos desenvolvido pode causar na sua vida.

Saber que verdadeiramente existe uma relação entre o nível de estresse de uma pessoa e o aceleramento do seu envelhecimento, o declínio da função cognitiva no córtex pré-frontal e outras consequências não menos desastrosas é fundamental para que você descubra quais **escolhas** deve fazer na vida[21].

Os perigos do *viés da negatividade* se mostram evidentes não apenas quando conversamos com os nossos familiares e colegas de trabalho, mas principalmente quando ligamos a televisão, sintonizamos rádios de notícias e acessamos os grandes portais na internet. Esse desejo evolucionário de **procurar** coisas negativas, contudo, vem com um preço. Em 2015, os pesquisadores Shawn Achor, de Harvard, e Michelle Gielan, da Universidade da Pensilvânia, realizaram uma parceria com o jornal americano *Huffington Post* para estudar o impacto das notícias negativas na vida das pessoas[22]. Os pesquisadores constataram que assistir a apenas **três minutos** de notícias negativas no período da manhã fez com que os participantes aumentassem em 27% as suas chances de dizer que o seu dia foi ruim.

A que conclusão podemos chegar ao percebermos a diferença entre a ação do cortisol e da ocitocina no corpo? Sim, para ser **feliz** devemos ter emoções positivas com **muito mais frequência** do que negativas. Porém, a maioria de nós expressa **menos** emoções **positivas** do que o necessário para ter uma **vida boa**. Mas qual é o equilíbrio adequado entre essas emoções? Existe alguma fórmula mágica? A grande notícia é que, sim, há algo **melhor** do que isso: **uma fórmula matemática que funciona como mágica**! Essa fórmula é provavelmente a descoberta mais significativa da carreira de Barbara Fredrickson – e certamente uma das mais importantes da história da psicologia positiva.

A PROPORÇÃO DA FELICIDADE

Tudo o que pode ser medido, pode se tornar ciência. Tendo em vista o fato de que as emoções positivas têm um peso **menor** do que as negativas na vida das pessoas por necessidades evolucionárias e razões hormonais, os cientistas Barbara Fredrickson e Marcial Losada queriam descobrir a **exata proporção** entre momentos positivos e negativos que as pessoas deveriam ter para colher todos os frutos que a felicidade lhes oferece. E depois de muitos experimentos e cálculos estatísticos extremamente robustos, os cientistas chegaram a um número – 2,9013: 1. Mas, por razões óbvias, você pode arredondar essa proporção para 3:1. Isso significa que para **cada** emoção negativa que vivencia, você precisa de **três** positivas para atingir a felicidade. Essa descoberta foi nomeada como a **Proporção da Felicidade** ou Linha de Losada[23].

O universo obedece a algumas leis e, por mais complexo que ele seja, essas leis acabam sendo extremamente simples. Uma delas é: duas moléculas de hidrogênio combinadas com uma de oxigênio (H_2O) sofrem uma alteração no seu estado físico de acordo com a temperatura. Uma minúscula alteração de temperatura transforma H_2O em água ou gelo. Não seria ousadia dizer que o **sucesso** também obedece a uma lei similar e simplíssima. Nos mais variados estudos científicos, Fredrickson e Losada descobriram que quando pessoas são monitoradas durante semanas para reportar aos cientistas a quantidade de emoções positivas e negativas que viviam diariamente, aquelas que já possuíam sucesso na vida atingiam uma proporção superior a 3:1. Já os indivíduos sem grande sucesso na vida atingiam uma proporção abaixo de 3:1. O mesmo resultado foi obtido quando Losada analisou a performance de mais de 60 equipes corporativas[24]. Empresas que alcançavam maior lucratividade e melhor avaliação dos clientes eram formadas por equipes que apresentavam um balanço entre emoções positivas e negativas superior a 3:1 em suas interações diárias – mais uma evidência da importância da qualidade e frequência das interações no dia a dia. A descoberta de que a felicidade é a **causa** do sucesso faz mais sentido agora?

Fredrickson e Losada não foram os únicos pesquisadores a descobrir uma proporção ideal para o sucesso de grupos e indivíduos. O premiado pesquisador John Gottman, que estuda relacionamentos amorosos há mais de 40 anos, descobriu que a forma como um casal interage no dia a dia prevê a longevidade do relacionamento[25]. As pesquisas de Gottman revelam que **relacionamentos conjugais de sucesso** têm proporções de positividade perto de **5:1**, e casamentos insatisfatórios, por seu lado, apresentam proporções **menores do que 1:1**. Essa proporção nas interações é tão importante que Gottman descobriu que ela prevê com uma confiabilidade de 94% se pessoas recém-casadas ficarão juntas ou se divorciarão nos próximos dez anos da relação.

Por sua vez, o psicólogo Robert Schwartz, da Universidade de Pittsburgh, ao tratar 66 pacientes com depressão, descobriu que alcançavam uma proporção de positividade de **4,3:1** os que apresentavam **excelentes** sinais de melhora nos seus quadros[26]. Aqueles que demonstravam sinais **médios** de melhora tinham uma proporção de **2,3:1**. E os pacientes que **não apresentavam** sinais de melhora nos seus estados de depressão tinham proporções próximas a **0,7:1** – valor que apresenta grande sintonia com outros estudos que demonstraram que, geralmente, os níveis de positividade dos deprimidos são **menores** do que 1:1.

Um dos fenômenos mais interessantes que ocorrem conosco é que quando fechamos um negócio, por exemplo, em geral começamos a fechar vários outros na sequência. "Quando uma coisa dá certo, parece que tudo conspira a favor", costuma-se dizer. Você pode até acreditar que isso é um tipo de força maior, mas esse é simplesmente o reflexo das emoções positivas. Ao fechar um negócio, você recebe uma carga de emoções positivas que lhe possibilitam ser mais criativo, interagir melhor, ver as coisas como um todo, enxergar mais possibilidades, estar mais motivado, ser mais resiliente e negociar com mais calma nas futuras oportunidades. É por causa dessa carga inicial de positividade que você passa a ter uma melhor performance e acaba fechando novos negócios ou realizando outras conquistas em um curto período. Essa "fase boa" poderá continuar até a sua proporção entre momentos positivos e negativos cair para menos de 3:1. Então, que tal caprichar para deixar a sua proporção sempre maior do que isso?

Apesar da grande consistência de que existem proporções de positividade que funcionam como leis da natureza, seja em equipes, casais ou indivíduos, Barbara Fredrickson **nunca defendeu um número mágico**. "A ciência nunca está completa", afirmou em uma conversa que tivemos na agradável cidade de Chapel Hill, na Carolina do Norte. De qualquer forma, Fredrickson afirma que a descoberta mais importante dela e de outros cientistas até então é a de que, para termos sucesso nas mais diversas áreas da vida, **precisamos vivenciar momentos positivos com muito mais frequência do que negativos**.

ESCOLHENDO EMOÇÕES POSITIVAS

Os benefícios de ter emoções positivas com frequência são muitos; mesmo assim, muita gente **escolhe** sentir emoções negativas ou não enxerga as oportunidades de aumentar a carga de positividade no decorrer do dia. Espero que você não seja assim! Quanto você se **esforça** para ter momentos positivos no seu dia?

> Você escuta as histórias engraçadas que os seus filhos contam durante o café da manhã ou prefere enfiar a cabeça no celular para ler sobre a última desgraça que aconteceu no mundo enquanto dormia? Ao dirigir para o trabalho, você escuta uma emissora de notícias negativas ou uma música que o deixa sorridente? Quando chega ao escritório, escolhe ficar naquela rodinha de pessoas que só reclamam da empresa ou prefere conversar com um colega que sempre eleva o seu astral? Escolhe cumprimentar todos os colegas de trabalho que passam por você no corredor ou inclina a cabeça para baixo, fingindo estar lidando com algo importante no celular? Quando senta à sua mesa do escritório, acessa sites de notícias sensacionalistas ou prefere assistir a um vídeo de humor para começar o dia feliz? Lembra-se de agradecer os esforços que o seu cônjuge fez para organizar o dia da sua família ou só enxerga os esforços que você mesmo fez? Você gasta o seu dinheiro com experiências e para ajudar os

outros ou prefere comprar aquela camisa que está na moda? Surpreende os seus amigos e familiares com pequenos presentes ou acha que isso é desperdício de dinheiro? Agradece de forma pessoal àquele seu colega de trabalho que lhe enviou as informações que você tanto precisava para entregar um relatório ou pensa que ele não fez nada mais do que a obrigação? Você acha que sempre deve estar fazendo algo ou reserva um tempo no seu dia para ter um momento de serenidade e "não fazer nada"? Você está sempre se desafiando para aprender coisas novas ou acha que já sabe tudo, pois, afinal, ocupa um cargo de liderança na empresa? Costuma parar e pensar na evolução que teve durante anos para chegar aonde chegou ou fica pensando no futuro e remoendo o passado? Você acredita que o seu esforço individual pode fazer o seu país ser melhor ou acha que as coisas nunca irão mudar? Você se encontra de vez em quando com os seus amigos de infância para relembrar as peripécias que aprontavam ou avalia que cada hora com eles é uma hora perdida de trabalho? Você se esforça para se reunir com a sua família nos finais de semana ou acha que isso serve apenas para bagunçar a sua casa? Dedica-se para ver quantas pessoas boas existem no mundo ou só presta atenção àquelas que roubam, mentem e trapaceiam? Você assiste a filmes que o deixam inspirado a mudar algumas coisas na sua vida ou escolhe assistir a filmes violentos que trazem a mensagem de que ninguém presta neste mundo? Você visita lugares que o fascinam com as suas belezas ou prefere ficar trancado no seu apartamento assistindo à televisão? Tenta aumentar a força do seu relacionamento conjugal todos os dias ou a rotina já fez com que você não expresse nem um bom-dia para o seu cônjuge? Você escolhe fazer um carinho no seu cônjuge nos momentos em que estão juntos ou prefere sentar-se em outro canto da casa e fazer as "suas coisas"? Você beija, abraça e diz que ama os seus filhos antes de sair de casa ou avalia que esses momentos irão apenas fazê-lo chegar atrasado ao escritório?

Vimos apenas **algumas** das escolhas positivas que você pode fazer para aumentar o seu nível de positividade durante o dia. Elas são simples, mas exigem **esforço**. Lembra que afirmei no princípio anterior que momentos de gentileza podem gerar grandes vantagens? A **Teoria da Expansão e Construção** revela que esses **micromomentos de felicidade** podem mais tarde se tornar o **combustível** que o fará ter uma **grande ideia** para um novo projeto na sua empresa, para encontrar a **solução** para uma negociação difícil que vem se arrastando por meses ou para **superar** um momento pessoal delicado. Interessante, não é mesmo?

Esse esforço para escolher viver muitas emoções positivas não impacta somente a **sua** vida – a sua responsabilidade em escolhê-las é **muito maior** do que você imagina. As descobertas de Nicholas

Christakis e James Fowler sobre o **efeito do contágio** mostram que as nossas emoções contagiam fortemente pessoas em até três graus de separação. A sua missão em construir uma vida positiva é importante no sentido de que ela **ajuda outras pessoas** a conquistarem a felicidade.

MUDANDO A SUA VISÃO DO MUNDO

Um estudo feito pela cientista Tali Sharot, da University College em Londres, ilustra de forma fantástica como o estresse tem uma influência ainda mais perigosa do que imaginamos em nosso comportamento[27].

Sharot e seus colegas organizaram um experimento no qual participantes de um grupo foram colocados sob uma situação de estresse (dar uma palestra para 30 pessoas sobre um assunto-surpresa e sem tempo para se preparar), enquanto outro grupo não passava por tal situação estressante, e seus participantes, assim, mantinham-se calmos. Posteriormente, cada pessoa teve de dar a sua opinião sobre qual seria a probabilidade de eventos negativos acontecerem com ela (ser roubada, sofrer um acidente de carro, entre outros). Após dada essa informação, os participantes eram comunicados da **real probabilidade** de esses eventos negativos acontecerem (por exemplo, a probabilidade de ser roubado em Londres é de aproximadamente 30%). Por fim, os cientistas davam a oportunidade de as pessoas reverem as suas opiniões sobre o risco de o evento negativo acontecer com elas. Sharot e seus colegas descobriram que, quando estressadas, as pessoas acreditam ter um risco **maior** de vir a sofrer com eventos negativos. Um estudo posterior, realizado com bombeiros, encontrou os mesmos resultados. Nos dias com **poucas ocorrências**, o impacto que os bombeiros sentem ao serem expostos a possíveis eventos negativos é **menor**; porém, nos dias de **alto estresse**, quando muitas ocorrências são atendidas, o impacto que os bombeiros sentem ao serem expostos a eventos negativos é **maior**.

> Sob estresse, nós aumentamos a nossa atenção
> a eventos negativos de forma automática.

Este fenômeno mostra que, quanto mais você se expõe a eventos negativos, **maior o peso** que eles passam a ter na sua vida, e assim você começa a ter uma visão **distorcida** de como o mundo funciona. Quando você **escolhe** ver notícias negativas, programas sensacionalistas, novelas, conversar com pessoas pessimistas, acreditar que a riqueza é o único caminho da felicidade, buscar o reconhecimento a qualquer custo, não ajudar os demais ao seu redor e mergulhar a cabeça no smartphone em vez de caprichar nos relacionamentos, automaticamente a sua visão do mundo começa a ser influenciada. A partir daí, você passa a acreditar que tem **mais chances do que o normal** de ser roubado, que todos os homens traem as esposas, que a violência aumentou, que todas as pessoas querem enganá-lo, que os motoristas de aplicativo não são confiáveis, que o mundo está em guerra. Por mais contraditórios que possam parecer, os estudos do cientista Steven Pinker, de Harvard, demonstram que a **época em que vivemos é a melhor da história da humanidade para se estar vivo**. Pinker revela através de dados históricos que o momento atual apresenta as **menores** taxas de morte em guerras, genocídio, homicídio, violência contra mulheres, estupro, abuso infantil e demais fatos negativos[28].

Portanto, se você acredita que está sob constante ameaça nos dias de hoje, existe uma grande probabilidade de estar fazendo **escolhas** prejudiciais que o levam a mudar o seu comportamento e sofrer com o estresse, e que, consequentemente, **diminuirão o**

seu bem-estar, criatividade, resiliência, otimismo, saúde e longevidade. É isso mesmo o que você quer para a sua vida?

Por outro lado, quando você **escolhe** fazer sorrir todos com quem interage, quando escolhe mostrar reconhecimento aos outros, ajudar os seus colegas de trabalho, assistir a uma série de comédia, se afastar daquele pessoal que só reclama, contagiar as pessoas de forma positiva, focar-se na gratidão em vez da ganância, praticar atos de bondade, comprar experiências, investir o seu dinheiro ajudando outros a terem boas condições de vida e gastá-lo de forma pró-social, em substituição a comportamentos egoístas, você está escolhendo também **mudar a sua visão do mundo.**

Quando você se **esforça** para viver emoções positivas, o seu cérebro passa a prestar mais atenção a fatos positivos. Isso consequentemente aumentará a frequência das suas emoções positivas e contribuirá para a sua expansão e construção, além de melhorar a qualidade das suas interações. Eu gostaria apenas de enfatizar que ser otimista e ver o lado bom das coisas não é ser uma **Poliana**, uma pessoa de otimismo irreal.

No final de 2019, algo fenomenal aconteceu com o meu filho Leonardo. A nossa cachorrinha,

Ariel, depois de 14 anos vivendo conosco, teve um problema de saúde e faleceu. A nossa família ficou muito triste com a morte de Ariel, e choramos bastante por alguns dias. Para as crianças, a experiência foi ainda mais dolorosa pelo fato de ser a primeira vez que eles lidaram com a morte. Certa noite, dias após a morte de Ariel, meu filho Leonardo disse estar com fome e pediu para eu cortar uma goiaba. Como de costume, fatiei a goiaba e separei algumas fatias para Ariel. Fui até uma porta-janela que dava acesso ao jardim, onde eu costumava sair para brincar com ela e muitas vezes alimentá-la e, ao abrir a porta-janela, lembrei-me de que ela havia partido. Novamente, toda a tristeza por ter perdido Ariel veio à tona e, tomado pelas lágrimas, fui compartilhar a minha tristeza com Leonardo. Falei para ele: "Puxa, Leo, que pena que a nossa Arielzinha morreu, querido, a gente gostava tanto dela...". Foi então que Leonardo se virou para mim e disse: "Pai, **veja pelo lado bom**: pelo menos Arielzinha está no céu brincando com outros cachorrinhos". Os meus olhos ficaram ainda mais cheios de lágrimas, mas dessa vez as lágrimas eram de **orgulho**. Nesse dia me dei conta de que todo o meu esforço e toda a minha dedicação como pai estavam gerando o retorno esperado. O cérebro de sete anos de Leonardo havia **mudado a sua**

configuração original de procurar por coisas ruins – o cérebro dele estava naturalmente procurando por coisas boas, mesmo em um momento aparentemente negativo. Leonardo aprendeu que pode **tirar o bem** das coisas que acontecem na vida – ele desenvolveu o que o cientista Martin Seligman nomeia como **estilo explanatório otimista**[29]. Uma das atividades que eu pratico todas as noites com os meus filhos Leonardo e Victoria é deitar-me ao lado deles na hora de dormir e lhes perguntar quais foram as **cinco coisas legais** que aconteceram naquele dia. Eu pratico isso com Leonardo desde que ele tinha dois anos de idade. Essa é a maneira que encontrei para eles terem um "caderno de gratidão", e também para que as crianças possam **relembrar** as emoções positivas que tiveram durante o dia; dessa forma, a emoção positiva conta duas vezes: quando **aconteceu** e quando eles **relembraram**. Essa mudança na configuração do cérebro pode acontecer com **você** também, dependendo das coisas às quais **escolhe** se expor no dia a dia.

Pense no seu dia perfeito. Agora, planeja-o para que você viva o máximo de emoções positivas. O que você fará para ter emoções positivas?

- **Ao acordar:** _____

_____

- **Durante o café da manhã:** _____

- **No seu trajeto até o trabalho:** _____

- **Ao chegar ao trabalho:** _____

- **Durante o dia de trabalho:** _____

- **No horário do almoço:** _____

- **Nos intervalos:** _____

- **No trajeto de retorno à sua casa:** _____

- **Quando chegar em casa:** _____

- **No período em que estiver com a sua família:** _____

- **Momentos antes de dormir:** _____

Apesar de as emoções positivas serem fundamentais para a nossa felicidade, existe uma diferença muito grande entre **ser positivo** e **pensar positivo**. Muitos acreditam que para ter uma vida mais positiva basta **pensar** positivo; aliás, o corredor de livros de autoajuda não estaria tão repleto de obras com esse assunto se essa técnica não funcionasse, não é mesmo? Gabriele Oettingen, da Universidade de Nova York, tem um **segredo** diferente para contar.

SÉTIMO PRINCÍPIO:
PENSE POSITIVO E NEGATIVO

PENSAMENTOS POSITIVOS, RESULTADOS NEM TANTO

Até agora, nós exploramos ações que você pode ter diariamente para se **tornar** alguém mais positivo. Porém, existe uma grande confusão entre as pessoas sobre os benefícios de **ser positivo** e de **pensar positivo**. Além de serem comportamentos **diferentes**, os resultados que geram também são **completamente opostos**.

No mundo do pensamento positivo, ninguém fez descobertas mais significativas do que Gabriele Oettingen, professora e pesquisadora da Universidade de Nova York e da Universidade de Hamburgo. Após mais de vinte anos pesquisando o "poder do pensamento positivo", Oettingen fez descobertas que deixarão os fãs da proposta de *O Segredo* decepcionados.

Em uma das suas pesquisas, Oettingen e a sua colega Doris Mayer, da Universidade de Hamburgo, pediram a estudantes universitários do último ano que informassem se diariamente tinham pensamentos positivos, imagens ou fantasias sobre a sua entrada no mercado de trabalho, sobre a conclusão da sua graduação na universidade e sobre procurar e encontrar um emprego[1]. Em uma segunda etapa, os estudantes foram instruídos a escrever sobre esses pensamentos positivos, imagens e fantasias. A terceira etapa do estudo pedia aos estudantes que reportassem a frequência com que tinham esses pensamentos e imagens positivas, dentro de uma escala de 10 pontos, variando de "Muito raramente" a "Muito frequentemente".

Oettingen e Mayer, para sua surpresa, descobriram que os estudantes que reportaram ter frequentes fantasias positivas sobre a sua entrada no mercado de trabalho receberam **menos** ofertas de emprego. Ainda mais intrigante é que, dentro desse grupo de estudantes que fantasiavam com frequência, aqueles que já estavam empregados recebiam salários **menores** do que os demais, que fantasiavam com menos frequência. Além disso, as pesquisadoras revelaram que os estudantes que imaginavam frequentemente o seu sucesso enviaram **menos** currículos do que os demais colegas que participaram desse estudo. Resultados semelhantes ocorreram quando as pesquisadoras avaliaram a probabilidade de os estudantes iniciarem um relacionamento amoroso ou declararem seu amor à pessoa pela qual estavam apaixonados – aqueles que fantasiavam mais tinham **menos** chances de terem iniciado um relacionamento ou declarado o seu amor a alguém. No mesmo sentido, estudantes que fantasiavam sobre tirar uma nota alta em determinada disciplina acabavam alcançando **piores** notas e estudando **menos** tempo. Por fim, Oettingen e Mayer descobriram que pacientes que fantasiavam positivamente sobre a sua recuperação após uma cirurgia mostravam-se com **mais** dor, com **mais** dificuldade de subir escadas, com **menos** capacidade de movimentar a parte operada do corpo, com **menos** força muscular e **menos** bem-estar. A conclusão foi de que pensar positivo, na verdade, gera resultados **contrários** aos que as pessoas desejam.

CONTRASTE MENTAL

Oettingen e Mayer descobriram, no entanto, que outro grupo de alunos, que reportou **não fantasiar com tanta frequência**, enviou **mais** currículos, recebeu **mais** ofertas de emprego e, entre os que já estavam no mercado, os seus salários eram **maiores** que os dos seus colegas que "pensavam positivo". Mas por que os alunos que fantasiavam **menos** alcançavam resultados tão diferentes? A resposta vem de uma outra etapa do estudo. Nela, as pesquisadoras solicitaram aos estudantes que também reportassem pensamentos, imagens e fantasias **negativas**. Surpreendentemente, os alunos com uma relação mais equilibrada entre fantasias **positivas e negativas** alcançavam resultados **muito superiores** em relação àqueles para quem o "pensamento positivo" tinha uma participação proeminente nessa relação.

A pesquisa de Oettingen é pioneira em analisar diferentes tipos de pensamento positivo: aqueles que são baseados em **experiências anteriores**, nos quais, apesar de esperarem por um resultado positivo, as pessoas não deixam de considerar os **obstáculos ou fatos negativos** que podem surgir; e aqueles que são **desconectados da realidade**, envolvendo imagens e pensamentos baseados em **desejos** e **sonhos**. Essas pesquisas reiteram que quando uma pessoa **fantasia** sobre um resultado positivo, passa a entender que **já o alcançou**[2]. Por esse motivo, acaba se dedicando **menos**, esforçando-se **menos** do que deveria e, por consequência, vê as suas chances de alcançar o objetivo **diminuírem**. É claro que fantasiar sobre um resultado positivo faz com que você se sinta bem e tenha um aumento na sua motivação no curto prazo, mas os resultados dessa prática podem ser desastrosos para o seu futuro.

As consequências dos pensamentos positivos desconectados da realidade não atingem somente as pessoas, mas também empresas e outras entidades. Gabriele Oettingen descobriu, por exemplo, que quanto **mais otimistas** eram as notícias semanais dos jornais sobre os movimentos do índice Dow Jones, mais a bolsa **caía** na semana seguinte e no mês subsequente. Ao analisar o teor dos discursos de posse dos presidentes americanos no período de 1933 a 2009, ela descobriu que quanto **mais otimista** era o discurso, **menor** se tornava o PIB e **maior** passava a ser o nível de desemprego no país[3].

Oettingen chegou a descobrir nas suas pesquisas que logo após uma pessoa fantasiar sobre um desejo futuro, a pressão sistólica do seu coração **diminuía**. Essa pressão mede a força com a qual o seu coração bombeia o sangue para o corpo; sendo assim, quanto mais **relaxado** você se sente, **menor** é a sua pressão sistólica. Por outro lado, quando você está empolgado para praticar qualquer atividade, mais oxigênio e nutrientes o seu organismo consome, o que faz com que o seu coração bata **mais forte** para distribuir o sangue e compensar esse maior consumo. O que os pesquisadores sabem é que existe uma relação **direta** entre o **nível de pressão sistólica** e a **motivação** de um indivíduo[4]. Os estudos de Oettingen comprovam que, logo após fantasiarmos sobre um desejo futuro, o nosso cérebro nos proporciona **prazer** através do sentimento de que **já alcançamos** aquele objetivo. Consequentemente esse sentimento de conquista nos causa **relaxamento**, o que faz com que caia a nossa pressão sistólica e, com ela, a nossa motivação. Por isso as pessoas que fantasiam com frequência dificilmente alcançam os seus objetivos; elas **perdem** justamente a motivação que faria com que se dedicassem para alcançá-los.

> Pensar positivo faz com que você alcance um objetivo apenas na sua cabeça; isso o leva a perder a sua motivação e, por consequência, a não exercer esforço algum para transformar o seu objetivo em realidade.

Seria espetacular se o simples fato de pensar com frequência em um bem material ou desejar com todas as forças a realização de um objetivo fizesse com que tudo se concretizasse **sem esforço**. Estou certo de que você adoraria receber uma Ferrari à sua porta depois de passar vários meses pensando em ter esse carro; mas infelizmente **não é assim que escrevemos o nosso futuro**.

Na manhã em que conversei com Gabriele Oettingen em um café próximo ao campus da Universidade de Nova York, em Manhattan, ela me disse que, para o cientista, a escolha de estudar durante décadas um assunto polêmico e **contrário às expectativas das pessoas** – e de outros pesquisadores – é desgastante. "Mesmo assim, você deve seguir em frente", afirmou, sorridente.

É óbvio que fantasiar sobre o futuro dá prazer e satisfaz o ego, mas essa prática não o ajuda a atingir objetivos que requerem grandes níveis de esforço, comprometimento e energia. Sonhar com um futuro de sucesso pode até **aliviar** a sua tristeza no curto prazo, mas o problema é que a **aumenta** no longo prazo. Por mais incrível que pareça, **pensar negativo** é o que pode transformá-lo em alguém **realista**. Pensar negativo traz os seus pés novamente para o chão. Então isso significa que você deve largar os seus sonhos? De forma alguma! Significa que você deve parar de acreditar que eles acontecerão apenas com a **força** do pensamento positivo. Não deixe de pensar positivo, mas encare os seus sonhos de forma **diferente** se quiser que se tornem realidade.

Ao observar que um nível maior de sucesso era alcançado quando as pessoas pensavam **positivo e negativo** sobre os seus objetivos, Gabriele Oettingen deu à sua descoberta o nome de *contraste mental*, e assim começou a realizar novos experimentos para testá-la. Em um deles, para a surpresa da equipe de pesquisa, no entanto, **nem todos os alunos que realizaram o contraste mental tiveram melhores resultados**[5]. Ao analisar os dados mais de perto, Oettingen e a sua equipe perceberam que **apenas** os alunos que acreditavam ter **boas chances** de atingir os seus objetivos se sentiram mais energizados após os exercícios e praticaram ações imediatas para começar a atingi-los. Quando os alunos que realizaram o contraste mental sentiram que os seus objetivos **não seriam alcançados** – muitas vezes por serem **desconectados da realidade** –, reportaram se sentir **menos** energizados e, portanto, **não praticaram ações** para buscar a realização deles. Isso mostra que o contraste mental é um método que gera **ainda mais vantagens** para aqueles que o praticam.

> Confrontar um desejo com os seus obstáculos não faz apenas
> com que você pratique mais ações para atingi-lo, mas
> também o ajuda a desistir de sonhos distantes da realidade.

WOOP: A FERRAMENTA DO SUCESSO

Apesar de todos os resultados positivos das suas pesquisas, Gabriele Oettingen ainda não estava satisfeita. Ela queria fazer com que o seu trabalho tivesse um impacto **ainda maior** na vida das pessoas, e a sua solução foi literalmente caseira.

Peter Gollwitzer, professor e pesquisador da Universidade de Nova York cujas pesquisas também se concentram no que as pessoas podem fazer para atingir objetivos, junto com seus colegas, descobriu que quando nos comprometemos com uma meta, a forma mais eficaz para a atingirmos é traçar um **plano** logo em seguida. Esse plano deve ter como foco um **comportamento** a ser seguido sempre que uma situação aparecer. Se, por exemplo, você tiver preguiça de fazer exercícios pela manhã, Gollwitzer sugere que se estabeleça um plano parecido com: **se o despertador tocar amanhã às 6h30, vou me levantar da cama** (comportamento) **e ir caminhar no parque** (objetivo). Gollwitzer realizou diversos estudos sobre esse método e descobriu que, por exemplo, quando pedia aos seus alunos para escreverem um relatório dois dias depois do Natal, 71% daqueles que haviam traçado um plano descrevendo **onde, quando e como** o fariam acabaram entregando-o no prazo[6]. Da outra parcela de alunos que não foi instruída a criar um plano, apenas 32% enviou o relatório. Gollwitzer nomeou o seu método como *intenções de implementação* – quando uma pessoa **planeja com antecedência** como irá se **comportar** no momento de **enfrentar** certa situação, ela fica **mais preparada para agir**.

Ao analisar os estudos de Gollwitzer, Gabriele Oettingen percebeu que tanto o **contraste mental** quanto as **intenções de implementação** tinham em comum fazer com que as pessoas se tornassem **conscientes** dos seus pensamentos e das suas imagens mentais, o que a psicologia nomeia como *estratégia metacognitiva*[7]. Oettingen notou que **unir ambas as estratégias** poderia ser a chave para, finalmente, gerar uma ferramenta fácil de ser usada. A grande sorte de Oettingen: ela é **casada** com Peter Gollwitzer!

O casal decidiu, então, comparar a efetividade das suas ferramentas **separadamente**, e depois **em conjunto**. Qual delas seria a mais efetiva em fazer as pessoas alcançarem os seus objetivos? Os resultados foram empolgantes! Tanto o grupo que realizou o **contraste mental** quanto o que realizou as **intenções de implementação** alcançaram maior progresso nos seus objetivos. Porém, o terceiro grupo testado pelo casal de pesquisadores, desta vez com ambas as ferramentas **juntas**, teve um progresso **muito mais significativo**[8].

Foi então que surgiu o **WOOP** (Desejo, Resultado, Obstáculo, Plano, na sigla em inglês), uma ferramenta revolucionária. O funcionamento do WOOP é simplíssimo:

> Em um pedaço de papel, escreva o seu desejo usando de três a seis palavras. Em seguida, registre o melhor resultado que poderá ser obtido se o seu desejo for realizado, também usando de três a seis palavras. Depois, escreva o principal obstáculo que pode impedi-lo de realizar o desejo. Lembre que o obstáculo deve ser algo dentro do seu controle, algo que dependa apenas de você. Deixe a sua imaginação fluir e guiá-lo sobre esse obstáculo, escreva tudo o que lhe vier à cabeça. Finalmente, desenvolva um plano para superar esse obstáculo, descrevendo uma ação específica que fará com que você o vença. Escreva o momento e o local onde o obstáculo irá aparecer, então desenvolva o seu plano usando uma frase do tipo SE – ENTÃO: SE o obstáculo X ocorrer (momento e local), ENTÃO eu farei Y. Repita esse comportamento para si mesmo em voz alta, apenas uma vez.

Extremamente simples, não? Você pode aplicar o WOOP para **qualquer tipo de desejo**, pois é uma ferramenta totalmente flexível. Se o seu maior desejo no momento, por exemplo, é emagrecer, então você pode desenvolver um WOOP conforme a seguir:

DESEJO: Emagrecer 2,5 kg.

RESULTADO: Maior autoconfiança.

OBSTÁCULO: Confeitaria no caminho de casa.

PLANO: Se eu sair às 18h do trabalho e tiver vontade de ir à confeitaria, então eu usarei outro caminho para voltar para casa.

Décadas de pesquisas usando o WOOP garantiram **maior sucesso** para aqueles com objetivos como: fazer mais exercícios[9], melhorar as suas dietas[10], recuperar-se de dor nas costas[11], reduzir a quantidade de estresse na vida após um infarto[12], melhorar os seus relacionamentos amorosos[13] e ter melhor rendimento na escola[14]. Quando conversei com Gabriele Oettingen em Nova York, eu soube que muitas pesquisas aplicando o WOOP estão em andamento. Ela descobriu que, para ser mais efetivo, cada desejo que você decidir exercitar através do WOOP deve ser **repetido com frequência**, para que os efeitos do contraste mental não percam força. Por isso o ideal é que você use o WOOP **diariamente**, para que se torne um **hábito**.

Para garantir o exercício diário, Oettingen fez ainda mais um favor para todos nós: lançou o **aplicativo** WOOP. Disponível em português, o aplicativo serve para que você faça o WOOP a qualquer hora, evitando perder oportunidades de alcançar os seus desejos. O recurso também garante fazer o WOOP da forma **correta**, não pulando nenhuma das fases nem o realizando com pressa.

O WOOP é uma ferramenta fantástica por mais duas razões. Em primeiro lugar, funciona de forma **inconsciente**[15]. Ao fazer um exercício de WOOP, a sua mente começa a trabalhar para o alcance do seu desejo **sem que você note**. Logo, você atinge o seu objetivo sem **nem ter percebido**. Em segundo lugar, o WOOP é uma ferramenta que trabalha no que os psicólogos chamam de *soluções integradoras*: resultados que se **espalham** e afetam **outras áreas da sua vida**. Se quer emagrecer, por exemplo, ao usar o WOOP você não apenas irá emagrecer, mas também passará a se **exercitar** mais, a ter uma **alimentação** mais saudável, melhor **desempenho** no trabalho, **noites de sono** mais agradáveis, sentir-se

mais bonito, conquistar mais **confiança**, **perder a vergonha** de falar em público etc.

> Faça um WOOP para o seu maior desafio atual.
>
> - **Desejo (3 a 6 palavras):** _____
> - **Resultado (3 a 6 palavras). Pense profundamente durante alguns minutos no principal resultado que terá se alcançar o seu desejo. Descreva-o em seguida:** _____
> _____
> _____
>
> - **Obstáculos. O que o impede de alcançar o seu desejo? Pense durante alguns minutos, não tenha pressa!** _____
> _____
> _____
>
> - **Plano. Desenvolva um plano para vencer cada obstáculo.**
> _____
> _____
> _____

Os estudos de Oettingen mostram que existe uma diferença muito grande entre **ser positivo** e **pensar positivo**. Enquanto **pensar positivo** é a falsa crença de que os seus desejos podem ser alcançados apenas com a **força do pensamento**, sem nenhum esforço, **ser positivo** é outra coisa. Você **se torna** uma pessoa positiva quando busca aumentar as suas emoções positivas, evitar ter emoções negativas desnecessárias, investir o seu dinheiro nos outros, caprichar nas suas interações, mudar o seu estilo explanatório e ter a consciência de que enfrentará dificuldades na vida. Assim, você tem uma **perspectiva positiva** do futuro, mas não deixa de ser **realista**.

A ilusão do pensamento positivo sem a análise dos obstáculos que podem impedir com que alcance seus objetivos traz péssimas consequências, por isso seria extremamente benéfico **livrar-se** desse hábito, caso o tenha. Em vez de pensar positivo, passe os seus dias com isto em mente: Qual é o meu maior desejo? Qual é o **obstáculo** pessoal que pode fazer com que eu não o realize?

CONCLUSÃO

Em 1998, os cientistas Daniel Read e Barbara van Leeuwen, da Universidade de Leeds, publicaram um artigo intrigante no Journal *Organizational Behavior and Human Decision Processes*[1]. Duzentos funcionários de empresas em Amsterdá foram selecionados para um estudo no qual deveriam escolher uma guloseima de sua preferência, que seria entregue a eles **uma semana depois**. Entre as guloseimas havia chocolates, bolachas, amendoins japoneses, bananas e maçãs. Alguns participantes foram abordados pelos cientistas logo após uma refeição, e com seus estômagos cheios, a maioria escolheu frutas para comer na semana seguinte, ou seja, esses participantes realizaram uma escolha saudável para o futuro. Uma semana depois, os cientistas retornaram ao local de trabalho dos participantes do estudo para entregar as guloseimas, porém, avisaram aos participantes que eles poderiam escolher **qualquer item disponível**, não tendo a obrigação de pegar a guloseima que haviam escolhido na semana anterior. O resultado dessa ação é alarmante! A grande maioria daqueles que haviam escolhido frutas para comer futuramente, imediatamente trocaram seus itens por guloseimas que faziam mal à saúde, como chocolates e bolachas.

MAS QUAL É A RELAÇÃO DESTE ESTUDO COM A FELICIDADE?

Talvez algo importante não tenha ficado tão claro para você durante a leitura, por isso faço questão de reforçar o seguinte fato: **muitas das atividades que nos proporcionam grande felicidade, num primeiro momento, parecem não ser nada prazerosas**. Tirar dinheiro do seu bolso para gastar com uma outra pessoa, ter um caderno de gratidão, expressar a sua gratidão a alguém que o ajudou, ser reconhecido pelas pessoas ao seu redor, ajudar colegas de trabalho, caprichar nas interações, procurar por emoções positivas e pensar negativo, **a princípio**, não parecem ações que trarão mais felicidade do que comprar algo para si mesmo, receber um elogio, ser ajudado, navegar nas mídias sociais ou pensar positivo. Por esse motivo, nós **resistimos** e, muitas vezes, não **iniciamos** essas ações de grande valor para o nosso bem-estar.

Assim como os participantes do estudo de Read e Van Leeuwen fizeram uma escolha feliz para o **futuro**, mas no **presente** a tentação fez com que eles a mudassem para comer algo aparentemente mais prazeroso, mas que certamente lhes causou arrependimento alguns minutos depois, nós também deixamos de praticar os princípios que nos fariam mais felizes no futuro, pois somos tentados pelos prazeres presentes e momentâneos – somos obcecados por recompensas imediatas.

E mesmo quando você vence essa resistência inicial, **no momento** em que você está **praticando** os princípios da felicidade, eles também não parecem que se transformarão em felicidade futuramente, da mesma forma que no momento em que você está comendo uma maçã em vez de um chocolate, essa ação não aparenta que irá causar grande diferença na sua saúde futura. Nós somos os piores inimigos da nossa própria felicidade!

Porém, apenas **depois de praticarmos** os princípios da felicidade é que eles começam a gerar os frutos que esperamos e, como você pôde perceber nos experimentos apresentados neste livro, em muitas oportunidades os resultados positivos começam a aparecer somente **semanas ou meses depois da prática**.

Portanto, ao aplicar os ensinamentos científicos deste livro no seu dia a dia, existe uma alta probabilidade de você não sentir nada de diferente **no começo**, e assim você corre o risco de achar que essas ações não funcionam. **O que eu lhe peço é que não desista!** O retorno virá exponencialmente com o seu esforço e a sua persistência.

Como vimos, ser feliz não é uma condição natural humana – **ser feliz exige esforço e dedicação**. Da mesma forma que você resiste para escolher a maçã em vez do chocolate, você resiste para iniciar uma ação que lhe traria grandes benefícios. Do mesmo modo que uma maçã não é tão saborosa quanto um chocolate, **a prática dos 7 Princípios da Felicidade não é prazerosa no momento.** No entanto, após vencer a resistência e a tentação do momento, em alguns meses você começará a colher os benefícios que a maçã gera para o seu corpo. A sua felicidade é construída do mesmo jeito: **não desista de ser feliz!**

O seu papel neste mundo é muito maior do que você imagina. As **pequenas** intervenções que você pode realizar no seu dia a dia podem transformar

grandiosamente não apenas a sua vida como a de todos ao seu redor. Você pode até achar que **o seu comportamento** não irá mudar muita coisa no mundo, mas isso não é verdade. Aliás, é justamente pela incapacidade de entender como o nosso comportamento **faz, sim, a diferença no mundo** que a sociedade enfrenta tantas dificuldades. Você tem um poder imenso!

Os amigos e familiares de muitos dos que vão embora deste mundo costumam comentar que "ele ainda tinha muito com que contribuir". No entanto, a **única certeza** que temos é a de que nos resta uma **quantidade limitada de dias** para deixar a nossa marca neste mundo. Quando chegar o seu dia de se despedir, você quer ser lembrado como "alguém que **ainda** tinha muito com que contribuir"? Ou irá preferir ser lembrado "por ter contribuído com **tudo** o que podia"? A escolha de como **usará esses dias** e **como quer ser lembrado** é toda sua! Aproveite o **hoje** para contribuir com tudo o que puder! Ao aplicar a ciência no seu cotidiano, você passará a sentir cada vez mais que a **felicidade não se busca, mas se constrói**. Essa construção se dá com as suas **decisões**.

Os estudos científicos são realmente maravilhosos para nos ajudar a tomar melhores decisões no cotidiano, porém, se não os vivenciarmos, eles não terão passado de uma pilha de papéis. **A ciência, para ser efetiva, precisa ser aplicada**.

O que você vai escolher aplicar **hoje** para assumir o controle da sua vida?

REFERÊNCIAS BIBLIOGRÁFICAS

APRESENTAÇÃO

1. Eveleth, R. (2014). Academics write papers arguing over how many people read (and cite) their papers. *Smithsonian, 25*.

Biswas, A. K. & Kirchherr, J. (2015). Prof, no one is reading you. *The Straits Times, 11*.

INTRODUÇÃO

1. Fredrickson, B. L., & Branigan, C. (2005). Positive emotions broaden the scope of attention and thought-action repertoires. *Cognition and Emotion, 19*(3), 313-32.

2. Johnson, K. J., Waugh, C. E., & Fredrickson, B. L. (2010). Smile to see the forest: Facially expressed positive emotions broaden cognition. *Cognition and Emotion, 24*(2), 299-321.

3. Wadlinger, H. A., & Isaacowitz, D. M. (2006). Positive mood broadens visual attention to positive stimuli. *Motivation and Emotion, 30*(1), 87-99.

4. Rowe, G., Hirsh, J. B., & Anderson, A. K. (2007). Positive affect increases the breadth of attentional selection. *Proceedings of the National Academy of Sciences, 104*(1), 383-88.

5. Miller, E. K., & Cohen, J. D. (2001). An integrative theory of prefrontal cortex function. *Annual Review of Neuroscience*, *24*(1), 167-202.

6. Lyubomirsky, S., King, L., & Diener, E. (2005). The benefits of frequent positive affect: Does happiness lead to success? *Psychological Bulletin*, *131*(6), 803.

7. Diener, E., Nickerson, C., Lucas, R. E., & Sandvik, E. (2002). Dispositional affect and job outcomes. *Social Indicators Research*, *59*(3), 229-59.

8. Cohn, M. A., Fredrickson, B. L., Brown, S. L., Mikels, J. A., & Conway, A. M. (2009). Happiness unpacked: positive emotions increase life satisfaction by building resilience. *Emotion*, *9*(3), 361.

Fredrickson, B. L., Cohn, M. A., Coffey, K. A., Pek, J., & Finkel, S. M. (2008). Open hearts build lives: positive emotions, induced through loving-kindness meditation, build consequential personal resources. *Journal of Personality and Social Psychology*, *95*(5), 1045.

9. Hejmadi, A., Waugh, C. E., Otake, K., & Fredrickson, B. L. (2008). Cross-cultural evidence that positive emotions broaden views of self to include close others. *Manuscript in Preparation*.

Aron, A., Aron, E. N., & Smollan, D. (1992). Inclusion of other in the self scale and the structure of interpersonal closeness. *Journal of Personality and Social Psychology*, *63*(4), 596.

10. Csikszentmihalyi, M., Rathunde, K., & Whalen, S. (1997). *Talented Teenagers: The Roots of Success and Failure*. Cambridge University Press.

11. Lyubomirsky, S., & Ross, L. (1997). Hedonic consequences of social comparison: a contrast of happy and unhappy people. *Journal of Personality and Social Psychology*, *73*(6), 1141.

12. Fredrickson, B. L., Cohn, M. A., Coffey, K. A., Pek, J., & Finkel, S. M. (2008). Open hearts build lives: positive emotions, induced through loving-kindness meditation, build consequential personal resources. *Journal of Personality and Social Psychology, 95*(5), 1045.

13. Fredrickson, B. L., Tugade, M. M., Waugh, C. E., & Larkin, G. R. (2003). What good are positive emotions in crisis? A prospective study of resilience and emotions following the terrorist attacks on the United States on September 11th, 2001. *Journal of Personality and Social Psychology, 84*(2), 365.

14. Steptoe, A., Wardle, J., & Marmot, M. (2005). Positive affect and health-related neuroendocrine, cardiovascular, and inflammatory processes. *Proceedings of the National academy of Sciences of the United States of America, 102*(18), 6508-12.

15. Davidson, R. J., Kabat-Zinn, J., Schumacher, J., Rosenkranz, M., Muller, D., Santorelli, S. F., ... & Sheridan, J. F. (2003). Alterations in brain and immune function produced by mindfulness meditation. *Psychosomatic Medicine, 65*(4), 564-70.

16. Fredrickson, B. L., Mancuso, R. A., Branigan, C., & Tugade, M. M. (2000). The undoing effect of positive emotions. *Motivation and Emotion, 24*(4), 237-58.

17. Gil, K. M., Carson, J. W., Porter, L. S., Scipio, C., Bediako, S. M., & Orringer, E. (2004). Daily mood and stress predict pain, health care use, and work activity in African American adults with sickle-cell disease. *Health Psychology, 23*(3), 267.

18. Cohen, S., Doyle, W. J., Turner, R. B., Alper, C. M., & Skoner, D. P. (2003). Emotional style and susceptibility to the common cold. *Psychosomatic Medicine, 65*(4), 652-57.

19. Bardwell, W. A., Berry, C. C., Ancoli-Israel, S., & Dimsdale, J. E. (1999). Psychological correlates of sleep apnea. *Journal of Psychosomatic Research*, *47*(6), 583-96.

20. Richman, L. S., Kubzansky, L., Maselko, J., Kawachi, I., Choo, P., & Bauer, M. (2005). Positive emotion and health: going beyond the negative. *Health Psychology*, *24*(4), 422.

21. Ostir, G. V., Markides, K. S., Peek, M. K., & Goodwin, J. S. (2001). The association between emotional well-being and the incidence of stroke in older adults. *Psychosomatic Medicine*, *63*(2), 210-15.

22. Danner, D. D., Snowdon, D. A., & Friesen, W. V. (2001). Positive emotions in early life and longevity: findings from the nun study. *Journal of Personality and Social Psychology*, *80*(5), 804.

23. Lyubomirsky, S., Sheldon, K. M., & Schkade, D. (2005). Pursuing happiness: The architecture of sustainable change. *Review of General Psychology*, *9*(2), 111.

PRIMEIRO PRINCÍPIO

1. Dunn, E. W., Aknin, L. B., & Norton, M. I. (2008). Spending money on others promotes happiness. *Science*, *319*(5870), 1687-88.

2. Anik, L., Aknin, L. B., Norton, M. I., Dunn, E. W., & Quoidbach, J. (2013). Prosocial bonuses increase employee satisfaction and team performance. *PloS one*, *8*(9), e75509.

3. Aknin, L. B., Barrington-Leigh, C. P., Dunn, E. W., Helliwell, J. F., Burns, J., Biswas-Diener, R., ... & Norton, M. I. (2013). Prosocial spending and well-being: Cross-cultural evidence for a psychological universal. *Journal of Personality and Social Psychology*, *104*(4), 635.

4. Brooks, A. C. (2007). Does giving make us prosperous? *Journal of Economics and Finance, 31*(3), 403-11.

5. Frederick, S., & Loewenstein, G. (1999). 16 hedonic adaptation. *Well-Being. The Foundations of Hedonic Psychology/Eds. D. Kahneman, F. Diener, N. Schwarz. NY: Russell Sage, 302-29.*

6. Diener, E., Suh, E. M., Lucas, R. E., & Smith, H. L. (1999). Subjective well-being: Three decades of progress. *Psychological Bulletin, 125*(2), 276.

Lucas, R. E., Clark, A. E., Georgellis, Y., & Diener, E. (2003). Reexamining adaptation and the set point model of happiness: reactions to changes in marital status. *Journal of Personality and Social Psychology, 84*(3), 527.

7. Wengle, H. P. (1986). The psychology of cosmetic surgery: a critical overview of the literature 1960-1982 – Part I. *Annals of Plastic Surgery, 16*(5), 435-43.

8. Schkade, D. A., & Kahneman, D. (1998). Does living in California make people happy? A focusing illusion in judgments of life satisfaction. *Psychological Science, 9*(5), 340-46.

9. Lyubomirsky, S. (2010). 11 Hedonic adaptation to positive and negative experiences. *The Oxford Handbook of Stress, Health, and Coping,* 200.

10. Van Boven, L. (2005). Experientialism, materialism, and the pursuit of happiness. *Review of General Psychology, 9*(2), 132.

11. Mitchell, T. R., Thompson, L., Peterson, E., & Cronk, R. (1997). Temporal adjustments in the evaluation of events: The "rosy view". *Journal of Experimental Social Psychology, 33*(4), 421-48.

Kumar, A., Killingsworth, M. A., & Gilovich, T. (2014). Waiting for Merlot: Anticipatory consumption of experiential and material purchases. *Psychological Science, 25*(10), 1924-31.

12. Donnelly, G. E., Zheng, T., Haisley, E., & Norton, M. I. (2018). The amount and source of millionaires' wealth (moderately) predict their happiness. *Personality and Social Psychology Bulletin*, 0146167217744766.

13. Festinger, L. (1954). A theory of social comparison processes. *Human relations*, *7*(2), 117-40.

14. Boyce, C. J., Brown, G. D., & Moore, S. C. (2010). Money and happiness: Rank of income, not income, affects life satisfaction. *Psychological Science*, *21*(4), 471-75.

15. Kasser, T. (2003). *The High Price of Materialism*. MIT press.

16. Brickman, P. (1971). Hedonic relativism and planning the good society. *Adaptation-Level Theory*.

17. Layard, R. (2011). *Happiness: Lessons from a New Science*. Penguin UK.

Diener, E., & Seligman, M. E. (2004). Beyond money: Toward an economy of well-being. *Psychological Science in the Public Interest*, *5*(1), 1-31.

Frey, B. S., & Stutzer, A. (2010). *Happiness and Economics: How the Economy and Institutions Affect Human Well-Being*. Princeton University Press.

Blanchflower, D. G., & Oswald, A. J. (2004). Well-being over time in Britain and the USA. *Journal of Public Economics*, *88*(7-8), 1359-86.

18. Kahneman, D., & Deaton, A. (2010). High income improves evaluation of life but not emotional well-being. *Proceedings of the National Academy of Sciences*, *107*(38), 16489-93.

19. Catalano, R. (1991). The health effects of economic insecurity. *American Journal of Public Health*, *81*(9), 1148-52.

20. Dew, J., Britt, S., & Huston, S. (2012). Examining the relationship between financial issues and divorce. *Family Relations*, *61*(4), 615-28.

21. American Psychological Association. (2015). Stress in America: Paying with our health.

SEGUNDO PRINCÍPIO

1. Emmons, R. A., & McCullough, M. E. (2003). Counting blessings versus burdens: an experimental investigation of gratitude and subjective well-being in daily life. *Journal of Personality and Social Psychology*, *84*(2), 377.

2. Watkins, P. C., Woodward, K., Stone, T., & Kolts, R. L. (2003). Gratitude and happiness: Development of a measure of gratitude, and relationships with subjective well-being. *Social Behavior and Personality: an international journal*, *31*(5), 431-451.

3. Digdon, N., & Koble, A. (2011). Effects of constructive worry, imagery distraction, and gratitude interventions on sleep quality: A pilot trial. *Applied Psychology: Health and Well-Being*, *3*(2), 193-206.

4. Perreau-Linck, E., Beauregard, M., Gravel, P., Paquette, V., Soucy, J. P., Diksic, M., & Benkelfat, C. (2007). In vivo measurements of brain trapping of 11C-labelled α-methyl-L-tryptophan during acute changes in mood states. *Journal of psychiatry & neuroscience: JPN*, *32*(6), 430.

5. Ng, M. Y., & Wong, W. S. (2013). The differential effects of gratitude and sleep on psychological distress in patients with chronic pain. *Journal of health psychology*, *18*(2), 263-271.

6. Lambert, N. M., Fincham, F. D., Stillman, T. F., & Dean, L. R. (2009). More gratitude, less materialism: The mediating role of life satisfaction. *The Journal of Positive Psychology*, *4*(1), 32-42.

7. Wong, Y. J., Owen, J., Gabana, N. T., Brown, J. W., McInnis, S., Toth, P., & Gilman, L. (2018). Does gratitude writing improve the mental health of psychotherapy clients? Evidence from a randomized controlled trial. *Psychotherapy Research*, *28*(2), 192-202.

8. Etkin, A., Egner, T., & Kalisch, R. (2011). Emotional processing in anterior cingulate and medial prefrontal cortex. *Trends in cognitive sciences*, *15*(2), 85-93.

9. Henning, M., Fox, G. R., Kaplan, J., Damasio, H., & Damasio, A. (2017). A potential role for mu-opioids in mediating the positive effects of gratitude. *Frontiers in Psychology*, *8*, 868.

10. Zahn, R., Moll, J., Paiva, M., Garrido, G., Krueger, F., Huey, E. D., & Grafman, J. (2009). The neural basis of human social values: evidence from functional MRI. *Cerebral cortex*, *19*(2), 276-283.

11. Krause, N., Emmons, R. A., Ironson, G., & Hill, P. C. (2017). General feelings of gratitude, gratitude to god, and hemoglobin A1c: Exploring variations by gender. *The Journal of Positive Psychology*, *12*(6), 639-650.

TERCEIRO PRINCÍPIO

1. Seligman, M. E., Steen, T. A., Park, N., & Peterson, C. (2005). Positive psychology progress: empirical validation of interventions. *American Psychologist*, *60*(5), 410.

2. Grant, A. M., & Gino, F. (2010). A little thanks goes a long way: Explaining why gratitude expressions motivate prosocial behavior. *Journal of Personality and Social Psychology*, *98*(6), 946.

3. Romine, T. (2019). Connecticut police hope that 15,000 likes on Facebook will help man to turn himself in. *CNN*. https://

edition.cnn.com/2019/05/22/us/connecticut-police-fb-post-trnd/index.html

4. Lepper, M. R., Greene, D., & Nisbett, R. E. (1973). Undermining children's intrinsic interest with extrinsic reward: A test of the "overjustification" hypothesis. *Journal of Personality and social Psychology, 28*(1), 129.

5. Deci, E. L. (1971). Effects of externally mediated rewards on intrinsic motivation. *Journal of Personality and Social Psychology, 18*(1), 105.

QUARTO PRINCÍPIO

1. Chancellor, J., Margolis, S., Jacobs Bao, K., & Lyubomirsky, S. (2017). Everyday prosociality in the workplace: The reinforcing benefits of giving, getting, and glimpsing.

2. Christakis, N. A., & Fowler, J. H. (2013). Social contagion theory: examining dynamic social networks and human behavior. *Statistics in Medicine, 32*(4), 556-77.

3. Christakis, N. A., & Fowler, J. H. (2008). The collective dynamics of smoking in a large social network. *New England Journal of Medicine, 358*(21), 2249-58.

4. Fowler, J. H., & Christakis, N. A. (2008). Dynamic spread of happiness in a large social network: longitudinal analysis over 20 years in the Framingham Heart Study. *Bmj, 337*, a2338.

5. Gallese, V., Fadiga, L., Fogassi, L., & Rizzolatti, G. (1996). Action recognition in the premotor cortex. *Brain, 119*(2), 593-609.

6. Whiten, A., & Brown, J. (1998). Imitation and the reading of other minds: Perspectives from the study of autism, normal children and non-human primates. *Intersubjective Communication and Emotion in Early Ontogeny*, 260-80.

7. Carr, L., Iacoboni, M., Dubeau, M. C., Mazziotta, J. C., & Lenzi, G. L. (2003). Neural mechanisms of empathy in humans: a relay from neural systems for imitation to limbic areas. *Proceedings of the National Academy of Sciences, 100*(9), 5497-502.

8. Carter, S.B. (2014). Helper's high: the benefits (and risks) of altruism. *Psychology Today*, Sep. 4.

9. Fowler, J. H., & Christakis, N. A. (2010). Cooperative behavior cascades in human social networks. *Proceedings of the National Academy of Sciences, 107*(12), 5334-38.

10. Grant, A., & Dutton, J. (2012). Beneficiary or benefactor: Are people more prosocial when they reflect on receiving or giving? *Psychological Science, 23*(9), 1033-39.

11. Brown, S. L., Nesse, R. M., Vinokur, A. D., & Smith, D. M. (2003). Providing social support may be more beneficial than receiving it: Results from a prospective study of mortality. *Psychological Science, 14*(4), 320-27.

12. Dunn, E. W., Ashton-James, C. E., Hanson, M. D., & Aknin, L. B. (2010). On the costs of self-interested economic behavior: How does stinginess get under the skin?. *Journal of Health Psychology, 15*(4), 627-633.

QUINTO PRINCÍPIO

1. Vaillant, G. E. (2008). Aging well: Surprising guideposts to a happier life from the landmark study of adult development. Little, Brown.

2. Nadler, R. T., Rabi, R., & Minda, J. P. (2010). Better mood and better performance: Learning rule-described categories is enhanced by positive mood. *Psychological Science, 21*(12), 1770-76.

3. Fowler, J. H., & Christakis, N. A. (2008). Dynamic spread of happiness in a large social network: longitudinal analysis over 20 years in the Framingham Heart Study. *Bmj, 337*, a2338.

4. Powdthavee, N. (2008). Putting a price tag on friends, relatives, and neighbours: Using surveys of life satisfaction to value social relationships. *The Journal of Socio-Economics, 37*(4), 1459-80.

5. Giles, L. C., Glonek, G. F., Luszcz, M. A., & Andrews, G. R. (2005). Effect of social networks on 10 year survival in very old Australians: the Australian longitudinal study of aging. *Journal of Epidemiology & Community Health, 59*(7), 574-79.

6. Holt-Lunstad, J., Smith, T. B., & Layton, J. B. (2010). Social relationships and mortality risk: a meta-analytic review. *PLoS Medicine, 7*(7), e1000316.

7. Diener, E., & Sandvik, E. (86). Pavot, W.(1991). Happiness is the frequency, not the intensity, of positive versus negative affect. *Subjective Well-Being: An Interdisciplinary Perspective*, 119-39.

8. Wrzesniewski, A., & Dutton, J. E. (2001). Crafting a job: Re-visioning employees as active crafters of their work. *Academy of Management Review, 26*(2), 179-201.

9. Trougakos, J. P., Hideg, I., Cheng, B. H., & Beal, D. J. (2014). Lunch breaks unpacked: The role of autonomy as a moderator of recovery during lunch. *Academy of Management Journal, 57*(2), 405-21.

10. Fredrickson, B. L. (2001). The role of positive emotions in positive psychology: The broaden-and-build theory of positive emotions. *American Psychologist, 56*(3), 218.

11. Zimmerman, E. (2019). How many friends do I have? *The Cut*. https://www.thecut.com/2019/08/22-percent-of-millen-nials-have-no-friends.html.

12. Misra, S., Cheng, L., Genevie, J., & Yuan, M. (2016). The iPhone effect: the quality of in-person social interactions in the presence of mobile devices. *Environment and Behavior*, *48*(2), 275-98.

SEXTO PRINCÍPIO

1. Barraza, J. A., & Zak, P. J. (2009). Empathy toward strangers triggers oxytocin release and subsequent generosity. *Annals of the New York Academy of Sciences*, *1167*(1), 182-89.

2. Psychology Today. (2018). What is oxytocin?

3. Isen, A. M., Rosenzweig, A. S., & Young, M. J. (1991). The influence of positive affect on clinical problem solving. *Medical Decision Making*, *11*(3), 221-27.

4. Staw, B. M., & Barsade, S. G. (1993). Affect and managerial performance: A test of the sadder-but-wiser vs. happier-and-smarter hypotheses. *Administrative Science Quarterly*, 304-31.

5. Fredrickson, B. L. (2001). The role of positive emotions in positive psychology: The broaden-and-build theory of positive emotions. *American Psychologist*, *56*(3), 218.

6. Fredrickson, B. L., & Joiner, T. (2002). Positive emotions trigger upward spirals toward emotional well-being. *Psychological Science*, *13*(2), 172-75.

7. Fredrickson, B. L., Tugade, M. M., Waugh, C. E., & Larkin, G. R. (2003). What good are positive emotions in crisis? A prospective study of resilience and emotions following the terrorist attacks on the United States on September 11th, 2001.

8. Glaser, J. E., & Glaser, R. D. (2014). The neurochemistry of positive conversations. *Harvard Business Review.* http://blogs. hbr. org/2014/06/the-neurochemistry-of-positive-conversations.

9. Cannon, W. B. (1929). Bodily changes in pain hunger, fear and rage. New York: Appeleton; cited from O'Brien JD et al., 1987. *Gut, 28*, 960-69.

10. Gabrielsen, G. W., & Smith, E. N. (1995). Physiological responses of. *Wildlife and Recreationists: Coexistence through Management and Research*, 95.

11. Levenson, R. W. (1994). Human emotion: A functional view. *The Nature of Emotion: Fundamental Questions, 1*, 123-26.

12. Ekman, P. E., & Davidson, R. J. (1994). *The Nature of Emotion: Fundamental Questions*. Oxford University Press.

13. Baker, S. M., Bennett, P., Bland, J. S., Galland, L., Hedaya, R. J., Houston, M., ... & Vasquez, A. (2010). Textbook of functional medicine. *Gig Harbor, WA: The Institute for Functional Medicine*.

14. Arnsten, A. F. (2009). Stress signalling pathways that impair prefrontal cortex structure and function. *Nature Reviews Neuroscience, 10*(6), 410.

15. Davis, M. (1992). The role of the amygdala in fear and anxiety. *Annual Review of Neuroscience, 15*(1), 353-75.

Ressler, K. J. (2010). Amygdala activity, fear, and anxiety: modulation by stress. *Biological Psychiatry, 67*(12), 1117-19.

16. Rozin, P., & Royzman, E. B. (2001). Negativity bias, negativity dominance, and contagion. *Personality and Social Psychology Review, 5*(4), 296-320.

17. Nicolson, N. A. (2008). Measurement of cortisol. *Handbook of Physiological Research Mthods in Health Psychology, 1*, 37-74.

18. Ludwig, M., & Leng, G. (2006). Dendritic peptide release and peptide-dependent behaviours. *Nature Reviews Neuroscience, 7*(2), 126.

Schneiderman, N., Ironson, G., & Siegel, S. D. (2005). Stress and health: psychological, behavioral, and biological determinants. *Annu. Rev. Clin. Psychol.*, *1*, 607-28.

American Psychological Association. (2012). Stress in America: Our health at risk. *Washington DC, American Psychological Association*.

Schoorlemmer, R. M. M., Peeters, G. M. E. E., Van Schoor, N. M., & Lips, P. T. A. M. (2009). Relationships between cortisol level, mortality and chronic diseases in older persons. *Clinical Endocrinology*, *71*(6), 779-86.

Walker, B. R. (2007). Glucocorticoids and cardiovascular disease. *European Journal of Endocrinology*, *157*(5), 545-59.

Thaker, P. H., Lutgendorf, S. K., & Sood, A. K. (2007). The neuroendocrine impact of chronic stress on cancer. *Cell Cycle*, *6*(4), 430-33.

Marcovecchio, M. L., & Chiarelli, F. (2012). The effects of acute and chronic stress on diabetes control. *Sci. Signal.*, *5*(247), 10-10.

19. Cherkas, L. F., Aviv, A., Valdes, A. M., Hunkin, J. L., Gardner, J. P., Surdulescu, G. L., ... & Spector, T. D. (2006). *The effects of social status on biological aging as measured* by white-blood-cell telomere length. Aging cell, 5(5), 361-365.

20. Ansell, E. B., Rando, K., Tuit, K., Guarnaccia, J., & Sinha, R. (2012). Cumulative adversity and smaller gray matter volume in medial prefrontal, anterior cingulate, and insula regions. *Biological psychiatry*, *72*(1), 57-64.

21. Epel, E. S., Blackburn, E. H., Lin, J., Dhabhar, F. S., Adler, N. E., Morrow, J. D., & Cawthon, R. M. (2004). Accelerated telomere shortening in response to life stress. Proceedings of the National Academy of Sciences of the United States of America, 101(49), 17312-17315.

22. Arana, G. (2015). The benefits of positive news ripple far beyond the first smile. Huffington Post, Aug 19.

23. Fredrickson, B. L., & Losada, M. F. (2005). Positive affect and the complex dynamics of human flourishing. *American Psychologist, 60*(7), 678.

24. Losada, M. (1999). The complex dynamics of high performance teams. *Mathematical and Computer Modelling, 30*(9-10), 179-92.

25. Gottman, J. M. (2014). *What Predicts Divorce?: The Relationship Between Marital Processes and Marital Outcomes.* Psychology Press.

26. Schwartz, R. M., Reynolds III, C. F., Thase, M. E., Frank, E., Fasiczka, A. L., & Haaga, D. A. (2002). Optimal and normal affect balance in psychotherapy of major depression: Evaluation of the balanced states of mind model. *Behavioural and Cognitive Psychotherapy, 30*(4), 439-50.

27. Garrett, N., González-Garzón, A., Foulkes, L., Levita, L., & Sharot, T. (2018). Updating Beliefs Under Perceived Threat.

28. Pinker, S. (2011). *The Better Angels of our Nature: The Decline of Violence in History and its Causes.* Penguin UK.

29. Seligman, M. E., & Schulman, P. (1986). Explanatory style as a predictor of productivity and quitting among life insurance sales agents. *Journal of Personality and Social Psychology, 50*(4), 832.

SÉTIMO PRINCÍPIO

1. Oettingen, G., & Mayer, D. (2002). The motivating function of thinking about the future: expectations versus fantasies. *Journal of Personality and Social Psychology, 83*(5), 1198.

2. Kappes, H. B., & Oettingen, G. (2011). Positive fantasies about idealized futures sap energy. *Journal of Experimental Social Psychology, 47*(4), 719-29.

3. Sevincer, A. T., Wagner, G., Kalvelage, J., & Oettingen, G. (2014). Positive thinking about the future in newspaper reports and presidential addresses predicts economic downturn. *Psychological Science*, *25*(4), 1010-17.

4. Wright, R. A., & Kirby, L. D. (2001). Effort determination of cardiovascular response: An integrative analysis with applications in social psychology. *Advances in Experimental Social Psychology*, *33*, 255-307.

5. Oettingen, G., Pak, H., & Schnetter, K. (2001). Self-regulation of goal-setting: Turning free fantasies about the future into binding goals. *Journal of Personality and Social Psychology*, *80*(5), 736.

6. Gollwitzer, P. M., & Brandstätter, V. (1997). Implementation intentions and effective goal pursuit. *Journal of Personality and Social Psychology*, *73*(1), 186.

7. Flavell, J. H. (1979). Metacognition and cognitive monitoring: A new area of cognitive-developmental inquiry. *American Psychologist*, *34*(10), 906.

8. Adriaanse, M. A., Oettingen, G., Gollwitzer, P. M., Hennes, E. P., De Ridder, D. T., & De Wit, J. B. (2010). When planning is not enough: Fighting unhealthy snacking habits by mental contrasting with implementation intentions (MCII). *European Journal of Social Psychology*, *40*(7), 1277-93.

9. Stadler, G., Oettingen, G., & Gollwitzer, P. M. (2009). Physical activity in women: Effects of a self-regulation intervention. *American Journal of Preventive Medicine*, *36*(1), 29-34.

10. Stadler, G., Oettingen, G., & Gollwitzer, P. M. (2010). Intervention effects of information and self-regulation on eating fruits and vegetables over two years. *Health Psychology*, *29*(3), 274.

11. Christiansen, S., Oettingen, G., Dahme, B., & Klinger, R. (2010). A short goal-pursuit intervention to improve physical capacity: A randomized clinical trial in chronic back pain patients. *Pain, 149*(3), 444-52.

12. Marquardt, M. K., Oettingen, G., Gollwitzer, P. M., Sheeran, P., & Liepert, J. (2017). Mental contrasting with implementation intentions (MCII) improves physical activity and weight loss among stroke survivors over one year. *Rehabilitation Psychology, 62*(4), 580.

13. Houssais, S., Oettingen, G., & Mayer, D. (2013). Using mental contrasting with implementation intentions to self-regulate insecurity-based behaviors in relationships. *Motivation and Emotion, 37*(2), 224-33.

14. Duckworth, A. L., Grant, H., Loew, B., Oettingen, G., & Gollwitzer, P. M. (2011). Self-regulation strategies improve self-discipline in adolescents: Benefits of mental contrasting and implementation intentions. *Educational Psychology, 31*(1), 17-26.

15. Ouellette, J. A., & Wood, W. (1998). Habit and intention in everyday life: The multiple processes by which past behavior predicts future behavior. *Psychological Bulletin, 124*(1), 54.

CONCLUSÃO

1. Read, D., & Van Leeuwen, B. (1998). Predicting hunger: The effects of appetite and delay on choice. *Organizational behavior and human decision processes, 76*(2), 189-205.

Para palestras, workshops e consultorias, acesse:

LUIZGAZIRI.COM.BR

ASSINE NOSSA NEWSLETTER E RECEBA
INFORMAÇÕES DE TODOS OS LANÇAMENTOS

WWW.FAROEDITORIAL.COM.BR

ESTA OBRA FOI IMPRESSA
EM FEVEREIRO DE 2021